AF317778

ESSAI

BIBLIOGRAPHIQUE

SUR

M. T. CICÉRON.

PARIS,

L. POTIER, LIBRAIRE.

9, QUAI MALAQUAIS, 9

1863.

ESSAI

BIBLIOGRAPHIQUE

SUR

M. T. CICÉRON,

PAR

P. DESCHAMPS.

AVEC UNE PRÉFACE

PAR

J. JANIN.

PARIS,

L. POTIER, LIBRAIRE,

9, QUAI MALAQUAIS, 9.

—

1863.

A SON EXCELLENCE

LE MINISTRE DE L'INSTRUCTION PUBLIQUE ET DES CULTES

MONSIEUR ROULAND

Hommage reconnaissant.

Paris. — Imprimerie de Ad. R. Lainé et J. Havard, rue des Saints-Pères, 19

Infatigable investigateur des manuscrits, dénicheur des vieux livres, redresseur des textes, protecteur des premières éditions, vous faites bien d'entourer Cicéron de tous ces respects mérités. Il nous représente une de ces grandes images, le juste orgueil de certains peuples, destinées à l'ornement, à la gloire, à l'honneur de l'histoire ! Moins l'image, au début, est éclatante, et plus les peuples s'attachent à cette gloire ingénue ; ils l'aiment d'autant plus que cette effigie impérissable n'a rien coûté à leur vie, à

leur fortune, à leur liberté. Cicéron est le
héros par excellence de la nation porte-toge,
et les bourgeois tels que nous, fils de bourgeois, quand ils ont bien considéré le général
d'armée, au bruit des fanfares, et sur les hau-
teurs du char triomphal, ne sont pas fâchés de
saluer, dans un cercle à la fois plus modeste
et plus voisin de tout le monde, un philosophe, un orateur, un simple écrivain, défenseur du droit vulgaire, ami des lois natu-
relles, le protecteur désintéressé des petites
causes, l'intrépide accusateur des grands
crimes, et des coupables fameux. Voilà pourquoi nous aimons cet homme admirable, et
dans sa vie et dans sa mort. Il est appelé
l'Orateur, tout simplement, par les honnêtes
gens, qui le veulent traiter en toute recon-
naissance, en tout respect.

Ce héros du courage civil, honneur de
toutes les tribunes, exemple austère des plus
célèbres et plus honnêtes avocats de ce bas
monde, était né pour l'éloquence, et de très-
bonne heure il en avait deviné tous les se-
crets. L'éloquence fut toute son ambition,

toute sa force, et la plus belle part de sa gloire. Elle lui servit de bouclier dans les violentes commotions de la république expirante; elle le maintint, calme et fier, dans les sages limites, hors desquelles commencent le meurtre, le pillage et tous les délires de l'injustice. On ne dirait pas certes, à le voir marcher d'un pas si calme, au-dessus des ruines et des cendres qui recouvrent ce vaste incendie, un contemporain de ces deux brigands armés, Sylla et Marius, inventeurs abominables des proscriptions, des confiscations et de tous les meurtres de la guerre civile qui devaient désoler et déshonorer la cité de Romulus. Contemporain de Pompée et de Marc-Antoine, il avait un grand penchant pour les belles actions de Pompée; il fut l'ardent ennemi d'Antoine; il pardonnait volontiers ses vices charmants à Jules-César, tant ce jeune homme, à la ceinture relâchée, avait conquis de bonne heure (aux yeux de Cicéron c'était la plus honorable des conquêtes de César) l'art de bien dire et de la persuasion des âmes. Quant à lui, son ambition fut plus haute que celle de tous ces ambitieux, il en voulait à l'estime.... autant qu'à l'admiration du genre humain, et tout de suite, au plus fort de toutes ces guerres menaçantes au dedans comme au dehors de la République, il se distingua de tous ces esprits audacieux par le sang-froid, la probité, *l'honorabilité*, un mot de son invention.

Ce grand homme, entouré des admirations les plus sincères, vit s'accomplir sous ses yeux indignés tous les grands pillages dans les grandes provinces ; mais de ce spectacle odieux, plein de danger pour les âmes faibles, il ne retira qu'une haine immense contre ces misérables ravageurs des peuples confiés à leur garde, et cette haine, obéissante aux justes plaintes de la Sicile indignement dévastée, produisit les cinq admirables discours contre Verrès. Véhémence, indignation, ironie et colère, ajoutez le courage et la justice, et vous aurez le secret des *Verrines !* Cicéron, avocat-général d'un peuple au désespoir, était bien, selon sa définition même, entièrement et dans toutes ses parties, l'honnête homme habile à bien parler dans les justes causes. En vain les sectateurs de Pompée appelaient l'orateur un homme nouveau et de petite noblesse, il n'y eut pas, dans toute la République, une conduite plus digne, plus haute et plus obéissante aux règles communes et glorieuses du bon sens.

Le bon sens fut la règle et le fait de toute sa vie. Il était encore un écolier chez les plus célèbres rhéteurs de cette ville, éprise de toutes les grâces et de toutes les majestés de la parole, autant que de la gloire et de la conquête de ses armes, que déjà le bon sens lui conseillait d'étudier l'art des Grecs et de s'emparer des préceptes de la rhétorique, telle que l'avaient faite les grammairiens les plus célèbres. A peine au barreau, où l'attendaient des succès sans précédents, le bon sens lui conseillait de choisir ses patrons parmi les plus vieux consulaires, tels qu'on les voit dans son touchant *Traité de la vieillesse*, et des bonheurs de la vieillesse :

« Quæ sunt epularum, aut ludorum, aut
scortorum voluptates cum his voluptatibus
comparandæ! » De la même façon, il choi-
sissait les maîtres les plus savants, les plus
grands philosophes, et quand il fallut, en
sa qualité de Romain, qu'il portât les armes
et fît ses preuves de courage guerrier, son
premier général s'appelait Pompée, et son
premier capitaine avait nom Sylla. Il fit ainsi
toute la guerre sociale, une guerre quasi civile, contre des alliés qui réclamaient, les
armes à la main, les droits de citoyen, puisqu'au bout du compte ils supportaient toutes les charges de la république. Mais bientôt le jeune homme en eut assez de ces guerres
impies; il rêvait de poésie et de sagesse, au
bruit des armes; sur le champ de bataille, il
regrettait les luttes intelligentes du forum.
Pour un bon livre, il eût donné toutes les
épées; il n'eût pas échangé contre une couronne obsidionale, une simple feuille du lau-
rier d'Apollon. Pensez donc à son inquié-
tude, à sa douleur, à sa pitié profonde pour
la Grèce, antique mère de tous les arts, lors-

qu'il apprit que le farouche Sylla assiégeait la cité de Minerve : — « Ah! dit-il, il ne la prendra pas, si véritablement il est digne de son surnom, *l'heureux* Sylla! »

Bientôt rassuré sur les destinées d'Athènes, il trembla pour les destins de Rome. La ville était un champ clos de confiscation et de carnage, où, tour à tour, Marius et Sylla, régnant et gouvernant sur un monceau de cadavres, distribuaient à leurs partisans les fortunes convoitées. Quelle époque! et l'odieux spectacle à des regards enivrés, charmés du génie et de la civilisation d'autrefois! Désormais, pour *l'Orateur*, plus de silence en cette ville ameutée, et plus de ces douces journées, où l'étude et la méditation accomplissaient, sous des lois clémentes, leurs plus doux chefs-d'œuvre. O Rome arrivée aux abîmes par l'excès de la toute-puissance! O libertés d'autrefois, que les brigands ont souillées de leurs trahisons et de leurs crimes! C'en est fait! La tribune est renversée; on n'entend plus que le cri des bourreaux, le cri des victimes. Trop heu-

reux fut le jeune orateur d'échapper aux fureurs de Marius, aux mépris de Sylla, aux dé-
lations des factieux, aux amis de Chrysogon,
l'esclave favori du dictateur, qui s'était em-
paré des biens de Roscius. Pour les garder,
ces biens injustes, le misérable spoliateur
accusait le fils de Roscius de parricide, et
pas un orateur, dans ce forum consterné,
qui voulût accepter la défense de Sextus Roscius! Cicéron la réclama comme un devoir,
et le futur vainqueur de Verrès accomplit
un chef-d'œuvre. Il sauva le jeune homme,
il lui rendit sa fortune, il fit pâlir le tout-
puissant Chrysogon. Tel fut vraiment son
premier triomphe, et chacun reconnut le
jeune orateur, récemment arrivé de l'île de
Rhodes, où il avait prononcé un beau discours dans la langue même de Démosthène,
à la grande admiration de l'assistance. Un
seul homme, Apollonius Molon, se taisait,
les yeux baissés; à la fin, il s'écria : « Honneur à toi, jeune homme, et ne sois pas
étonné si je pleure en ce moment, quand
tu enlèves à la Grèce l'éloquence, le der-

nier fleuron de sa couronne anéantie ! »,

Et quand Sylla eut abdiqué, et se fut dé-
livré de ses crimes en se délivrant de la toute-
puissance, il y eut pour Cicéron cette suite
d'honneurs civils (*tergeminis honoribus*),
dont parle Horace en sa première ode, et
qui devait le conduire au sénat. Il entra, à
son tour, dans les charges publiques, mais
sans cesser d'appartenir au forum. Avocat
désintéressé des plus grandes causes, il était
accessible à quiconque avait besoin d'un bon
conseil; il écoutait volontiers, dans la rue
et chez lui, tous ceux qui l'abordaient. Il
parlait à ses clients comme un grand légiste,
il parlait aux hommes d'État des affaires
publiques en homme qui les sait bien. Tantôt Spartacus, tantôt Sertorius, Mithridate
un autre jour, attiraient son intelligente at-
tention. Il honorait la loi, comme la seule
autorité légitime! Hors de la loi, l'anarchie
et l'esclavage ! Brisée la loi, le meurtre arrive, le citoyen est remplacé par l'esclave! A
ce compte, il haïssait la force injuste ; il ne
savait pas de plus grande impiété que le

déni de justice au plus faible! *Le sénat et le peuple romain!* représentaient toutes les croyances de Cicéron. Les ennemis de la République étaient ses ennemis, et que celui-ci la déshonorât par ses vices, celui-là par ses crimes, l'un et l'autre ils étaient sûrs de retrouver contre eux et leurs complices, cet homme armé de toutes les preuves et de toutes les audaces de l'éloquence. Il a poursuivi Verrès de ville en ville, et dans les coins les plus cachés de la Sicile. Et quand il eut bien vu, de ses yeux, les maisons qu'il avait déshonorées, les temples qu'il avait ravagés, les places qu'il avait dépouillées, il le prit à partie, et par la véhémence, et par l'ironie, et par l'atticisme et par les cruautés de cette parole armée de toutes les colères généreuses, il le força de rendre gorge et de s'exiler de la ville indignée.

Arrive alors Catilina, un des plus grands dangers qui aient menacé la République; en ce moment plein de dangers inconnus, Cicéron était consul, et sur sa tête reposaient les tristes restes de la chose romaine. Ah! que d'obstacles! quels périls! quelles trahisons s'agitaient dans ces ténèbres violentes! Quels mépris de Catilina pour ce plébéien désarmé! Comment donc traverser ces cendres brûlantes qui recèlent un incendie où tout doit périr?

Catilina était un de ces chefs de conspirations, que l'histoire signale comme des calamités publiques à la chute des empires, et, cette fois, l'éloquence et le talent ne suffisaient pas à renverser un si violent obstacle. Il y fallait le sang-froid, la prudence et la décision; il fallait être à la fois et le juge et le bourreau; condamner et frapper tout ensemble un Lentulus, un Cethegus, un Cassius... Telle fut la conclusion de la quatrième Catilinaire, une merveille! où le drame et l'éloquence, agissant de concert, arrivent à un résultat inestimable. Ce fut le grand jour de Cicéron; vainqueur de ces monstres qui rêvaient le plus grand des parricides, *le Consul* (ainsi l'appelle en son histoire Salluste, oublieux de prononcer ce nom glorieux,) put dire à son tour, ce que disait un célèbre homme d'État de notre temps, M. de la Fayette, à son lit de mort : « Ne me pleurez pas, j'ai eu mon jour. » Grand triomphe, en effet, d'un simple mortel, d'arracher au temps qui passe, une de ces heures fugitives qu'il emporte, et qui ne reviennent plus !

Comme il rentrait du sénat dans sa maison, accompagné des sénateurs qu'il avait sauvés, Cicéron rencontrait sur son chemin plusieurs complices de Catilina qui s'arrêtaient, pleins d'angoisses, devant ce cortége inaccoutumé : alors, avec un geste énergique, le Consul : « Ils ont vécu ! » Jamais conspiration plus dangereuse, et plus subitement tournée en défaite ! Le *Consul* y gagna ce grand titre, encore intact : « *Père de la patrie,* » et quand il rendit compte aux tribuns de Rome du consulat qu'il avait accompli au péril de sa vie : « Un mot suffit, s'écria-t-il, je jure ici que j'ai sauvé Rome, et la république. » — « Et nous jurons, répondit le peuple entier, que ta parole est la vérité même. » A dater de ce jour, Cicéron appela ses discours : *ses Harangues consu-*

laires. On y retrouverait, au besoin, un véritable code politique ; il y traite, avec une
grande autorité, des questions que l'Europe
moderne débat encore, entre autres la question de la loi Agraire, et naturellement son
éloquence a grandi, en s'élevant à ces hau-
teurs.

Le double emploi de son génie et de sa
volonté exposèrent ce grand homme à bien
des haines et des jalousies, à commencer par
les violences de Pompée, un des plus actifs
et des plus dangereux esprits de cette fin de
la république. Tous ces hommes de guerre,
insolents d'une prospérité coupable, et plus
puissants que des satrapes d'Asie, avaient
peine à supporter ce grand citoyen, ce
bourgeois, qui combattait seul pour le droit
et le devoir. D'ailleurs Catilina, en tom-
bant sur un champ de bataille (ô mort trop
brillante, pour un si grand coupable!), avait
laissé dans la ville une suite de ses amis et
de ses complices, entre autres un certain Clodius, jeune homme insolent, superbe, et dé-
daigneux de tout ce qui n'était pas la no-

blesse et la force des armes. Il avait commencé par être amoureux de la femme de César, et par la compromettre, en un de ces jours solennels consacrés aux mystères de la bonne déesse! « Il ne faut pas que la femme de César soit soupçonnée, » s'était écrié César en répudiant sa femme. En même temps le pontife avait crié au sacrilége. Sur quoi le jeune Clodius n'avait pas craint d'invoquer le témoignage de Cicéron, attestant que lui, Clodius, était loin de Rome, à l'heure de ces actions ténébreuses. A cet *alibi* dont il eût rougi d'être le complice, Cicéron avait fièrement répondu qu'il attestait que Clodius était dans Rome à l'heure même où celui-ci jurait ses grands dieux qu'il était à Tusculum. Ce fut ainsi que, par la justice et par la vérité, il se fit un ennemi redoutable, appuyé par une famille patricienne. A peine une année avait passé, depuis le châtiment de Catilina et des gens de sa race, déjà Clodius, devenu tribun du peuple, et rêvant contre le *Père de la patrie*, une indigne vengeance, proposait un plébiscite : « Que celui-là qui aurait fait mourir un citoyen romain, sans jugement du peuple, irait en exil. » Et comme, à cette injure, accouraient pour le défendre ou pour mourir avec lui, les amis de Cicéron, ils furent reçus dans une mêlée ardente, où plus d'un succomba sous le fer des assassins. Peu s'en fallut même que l'Orateur romain, pressé par le soldat Clodius, ne fût écrasé sous les haines de la rue, et, dans le sénat, quand le bruit d'un si triste attentat remplit l'impassible assemblée, il ne se trouva pas un défenseur qui vînt en aide à celui que le sénat avait nommé naguère *le Père du peuple*. Avertis du danger que Cicéron avait couru, César balbutie une excuse, Pison répond par une déclamation contre les meurtres inutiles, Pompée est introuvable; en un mot, dans ce sénat sauvé par Cicéron, c'est Clodius qui l'emporte, et le sauveur de l'ingrate cité est forcé de s'enfuir à la faveur de la nuit. Ah ! république indigne d'être sauvée ! Ingrats sénateurs, qui préfèrent Clodius à Cicéron, et qui renversent, de leurs mains impies, la maison de leur Consul! Quels remords! quels châtiments vous attendent! — Donc, Cicéron est en exil! ses amis sont vaincus! ses clients l'appellent en vain! Pendant ces tristes jours de fuite et d'absence, il y eut un magistrat, un de ces lâches qui mettraient le feu au Capitole pour se chauffer une heure, qui fit déraciner les arbres du jardin de l'exilé pour les transporter dans son propre jardin!

Il y eut des édiles et des préteurs qui offrirent, au plus offrant et dernier enchérisseur, les biens de cet illustre citoyen frappé par tant d'injustices; pas un acheteur, il faut le dire à la louange, à l'honneur de ces Romains dégénérés, ne se rencontra dans cette même ville, où s'était vendu, à un très-haut prix, le champ sur lequel était campé Annibal, victorieux de toutes les forces de l'Italie.

A cet exil de Cicéron commencent tous les désordres qui vont suivre, et l'on dirait que toutes les ambitions qui poussaient Rome à l'abîme, ont attendu ce moment fu-

neste pour jeter le masque. Heureusement
que ce triste Clodius était un ambitieux de
bas étage, et ne pouvait guère lutter avec
les conspirateurs d'alentour. Que dis-je?
un tribun se rencontra pour proposer le
rappel de Cicéron; ce tribun s'appelait Milon. C'était un homme énergique, le confrère et l'ennemi de ce vil Clodius; et, rempli de toutes les passions, voire des passions
de la justice, il méprisait Clodius, comme un
bon citoyen méprise un vil sicaire. Ainsi,
grâce à Milon, le sénat, encouragé et ra-
mené aux vrais principes, chassa Clodius
du forum dans un instant de courage et
de justice, il rappela l'exilé et le rendit
à sa maison. Hélas! la maison était renversée, à peine il en restait les vestiges. Au
rappel de Cicéron, une joie immense, un
peuple heureusement rendu aux respects et
aux souvenirs des anciens services, le retour
de l'exilé au milieu des acclamations univer-
selles, Rome entière hostile à Clodius, et
prosternée aux pieds du proscrit! Sitôt qu'il
fut rentré et qu'il eut visité les ruines de sa

demeure, où il avait entassé, mais en vain, tant de chefs-d'œuvre et tant de beaux livres, infortunés compagnons de son toit domestique, Cicéron prononça ce discours *pour sa maison*, qui fut le complément de son triomphe.

Au plus haut degré ce grand homme avait le courage civil, le plus rare et le plus difficile de tous les courages. Il était la protection vivante ; il était l'accusation terrible ; il était le refuge, et le médecin de toutes les douleurs. Sa vie entière se retrouverait sans conteste dans ses grandes plaidoiries. L'homme d'État, l'homme politique, y jouent un rôle à peu près égal ; ce n'était pas impunément, qu'un pareil génie avait été précédé de la hache et des faisceaux du licteur. Mais sa grande passion, son vrai culte, à vrai dire, c'étaient l'éloquence et tous les arts de l'éloquence. Il y revenait sans cesse et sans fin, dans ses traités, dans ses leçons, dans ses heures de repos, à propos des lois, à propos de la république, à propos de la gloire, à propos du destin, de la vieillesse, de l'amitié, de la nature des dieux, du mépris de la mort, et surtout dans ce fameux *Traité des devoirs*, que l'on pourrait appeler l'*Évangile de l'antiquité*.

Ce *Traité des devoirs*, à l'heure où le fils de Cicéron étudiait aux écoles d'Athènes, fut envoyé par le père à son fils, comme un présent inestimable! En ce livre, presque divin, toute la morale est contenue, et désormais *l'honnête homme* y trouva son espoir, son exemple et son conseil! Rien ne saurait se comparer, parmi les œuvres humaines, à la vie, à l'action, à la gloire, à l'honneur du *de Officiis*, ce grand livre écrit au milieu des orages, à la fin du monde romain, à l'heure où l'empire arrive portant dans ses flancs sanglants les Tibère, les Néron, les Domitien, toute la bande abominable de ces fous dont le délire est resté l'épouvante du genre humain!

De ses études sur l'éloquence, qu'il avait commencées à dix-huit ans, et qu'il avait poursuivies jusqu'aux derniers jours de sa glorieuse vie, au moment où l'*otium cum dignitate*, son grand rêve, se montrait à ses yeux fatigués, Cicéron ne pouvait se distraire que par l'usage assidu de cette même éloquence, et l'on reste étonné de toutes les causes qu'il a plaidées, de toutes les causes qu'il a gagnées. Le temps, ce dévoreur de toute chose, a jeté son voile de mort sur un grand nombre de ses harangues ; mais, par les discours que les siècles ont respectés, le genre humain civilisé peut juger facilement de la grandeur, de la majesté de tout le reste.

Une des plus belles œuvres de Cicéron, en comptant le *Traité de l'orateur*, et le fameux *Traité de la république*, retrouvé par M. Maï et si dignement traduit par M. Villemain, un des pères conscrits de la Rome antique, c'est le grand discours pour Milon (*pro Milone*), le meurtrier de Clodius. Quel tumulte et quelle émeute sanglante, au milieu de Rome épouvantée, et comme on prévoit que c'en est fait de cette grande cité, où, sans respect des lois paternelles, les citoyens se heurtent l'un contre l'autre, à la tête de leurs esclaves et de leurs gladiateurs ! Cette rencontre entre Milon et Clodius est un essai de guerre civile ; on n'entend, des deux parts, que des cris de rage ou de haine : *Meurs ou tue !* En vain Clodius, blessé par les mercenaires, se réfugie au fond d'une maison hospitalière, il est tiré violemment de cet asile, et percé de coups sur le grand chemin, par les satellites de Milon ! Voilà donc Clodius tombé dans la poudre ! Un sénateur qui passait ramassa son cadavre, et le déposa dans le vestibule de la maison Clodia, sur le mont Palatin, pendant que la femme de l'homme assassiné, le sein nu et les cheveux épars, demandait à grands cris pitié, justice et vengeance ! Ici commencent les sanglantes cérémonies et les expiations de la rue et du carrefour, qui signaleront bientôt le meurtre de Jules-César.

Ne dirait-on pas, en ce moment, de la répétition du fameux drame où Marc-Antoine au peuple ameuté va demander vengeance au nom de Jules-César, et le châtiment des meurtriers? Clodius est dépouillé de ses vêtements, son cadavre est porté au forum ; les

partisans de Milon sont exposés à toutes les
représailles. Milon, cependant, du haut de sa
maison fortifiée, appelle à son aide les ennemis de Clodius, et, quand il est mis en accusation et sommé de comparaître aux pieds
de ses juges, il confie à Cicéron le soin de sa
défense. Enfin, le jour étant venu de ces dé-
bats oratoires, les dernières luttes du forum,
libre encore, Milon, le meurtrier, se présente
hardiment au peuple qui va le juger. Cette
fois, l'accusé a dédaigné tous les signes exté-
rieurs de la tristesse ou du repentir ; loin
de nous ce deuil menteur, et cet abaissement
inutile ! On pourrait croire à son repentir
de ce meurtre ; au contraire, il s'en fait
gloire, et c'est pourquoi *l'accusé* a mis ses
habits de fêtes ; il s'est lavé et parfumé
comme un jeune homme attendu chez la
reine d'Égypte ; il se fie à la bonté de sa
cause, il se fie à l'éloquence de son défenseur. Cette fois, Milon se trompe ; il n'a pas
compris qu'il partageait les disgrâces du
grand orateur qui s'est chargé de sa défense... Il ne voit pas qu'à l'avance il est

condamné, j'en atteste le visage hostile de Pompée et l'appareil inaccoutumé dont le tribunal est entouré; ajoutez les méchantes dispositions de la foule, et les lointaines rumeurs des gens qui ne veulent rien entendre! Il n'y avait pas à se tromper sur ces menaces; Cicéron ne s'y trompa guère; il avait déjà une longue habitude de ces tribunaux où la politique ardente se mêlait aux préoccupations de la loi criminelle. Hélas! le défenseur et l'ami de Milon se sentit, dès l'exorde, accablé de tous ces mauvais présages; il n'était pas habitué à tout cet appareil, à toutes ces résistances. Il voulait au moins être écouté avec les déférences que méritait un si grand artiste, et, cette fois, il fut au-dessous de sa tâche, soit qu'il ait compris que son client devait expier sa téméraire attitude, ou que lui-même il ait manqué de courage. Un grand capitaine disait en parlant de ses journées de guerre : « J'ai été brave tel jour! » Pas un homme, ici-bas, n'est brave tous les jours.

Milon fut chassé de Rome ; il choisit pour

son lieu d'exil, sur les bords de la Méditerranée, une ville grecque, Marseille, fille d'Athènes. Il y menait une vie assez douce, attendant les réactions inévitables de l'avenir. Son illustre avocat, cependant, ne convenait pas de sa défaite, et, dans le silence inspirateur du cabinet, il écrivait à tête reposée, ce fameux discours *pro Milone* qui reste, encore aujourd'hui, sur les ruines de tant de tribunes silencieuses, un des chefs-d'œuvre de la parole écrite. — « Oh là ! disait Milon, après la lecture attentive de cette admirable défense, si le maître eût parlé comme il écrit, je ne mangerais pas les excellentes barbues de Marseille. » Ainsi déjà les citoyens romains se moquaient des peines qui leur étaient infligées. Se moquer de la peine, et mépriser la récompense, il n'y a pas de plus grand signe de la fin des temps et des gouvernements.

Sur l'entrefaite, à son tour, Cicéron était gouverneur de provinces, et les provinces qu'il a gouvernées s'étonnèrent de sa justice et de sa modération. Habituées qu'elles

étaient à servir de proie à des sénateurs dont
le patrimoine était dévoré, ces villes mal-
heureuses regardaient comme des êtres presque divins les braves gens qui respectaient
leurs libertés et leurs fortunes. Elles s'atta-
chèrent de toute leur âme à ce gouverneur,
bel esprit, fils des muses et du droit, animé
de toutes les aspirations de l'honnèteté,
qui leur rendait libéralement une bonne et
loyale justice, et, quand ce modèle accompli
des proconsuls à l'ancienne marque, revint
à Rome, où le rappelaient toutes les affections de sa vie et toutes ses amitiés,
ses anciens administrés l'accompagnèrent de
leurs vœux, de leurs respects et de leurs
louanges. Mais quoi ! en si peu d'instants,
Rome avait déjà descendu d'un degré la
pente funeste qui la menait à l'esclavage.
Elle avait peur de Jules-César, elle se méfiait
de Pompée, et César chaque jour, devenait
plus superbe. En dépit de toutes les rivalités
qui lui faisaient obstacle, on sentait venir
inévitablement la suprême domination de
ce grand parricide ! Il cherchait déjà la place

où poser ses tabernacles ; à l'avance, il dé-
signait les capitaines, et les consuls de son
règne ! Il se méfiait de Caton, âme inflexible !
Il adoptait Brutus, le fils de cette Servilia à
laquelle il avait donné une perle de quinze
millions de notre monnaie, (Antoine amoureux eût hésité) ! Il se fiait à Cassius ! Il ne
croyait guère à Pompée ; il méprisait Marc-
Antoine ! Il honorait, il admirait Cicéron, il
en voulait faire un ornement à sa gloire ; il se
plaisait à écouter ce bel esprit qui le dominait
à son insu par toutes les grâces de la parole. Il
savait bien que quiconque aurait de son côté,
sous ses drapeaux, dans cette compétition
de l'autorité souveraine, un si grand homme,
en pourrait tirer une grande honorabilité
personnelle.

A ces causes, il entourait l'orateur romain
de ses prévenances, jusqu'à ces fatales ides
de mars, où César tomba, sous le poignard
de Brutus. Quelle épouvante et quelle ter-
reur à la chute de ce conquérant des Gau-
les, et de cet envahisseur de Rome ! De
quelles acclamations fut suivi l'attentat de

Brutus ! Certes, Cicéron n'était pas au rang des conjurés, l'assassinat n'entrait pas dans cette âme, ouverte à tous les sentiments de la justice, et pourtant, en voyant tomber César, il s'écria que la république était libre. Il fut du côté des sénateurs, il adopta Brutus et Cassius, et les protégeait déjà contre les déclamations de Marc-Antoine, tant la liberté passée avait laissé une trace ineffaçable dans ces âmes véritablement romaines ! En si grand honneur était la république ancienne que ces derniers Romains répondaient encore à l'appel suprême des Cethegus et des Caton.

Ici, plus que jamais, se devait manifester le dévouement de Cicéron pour les libertés qu'il avait tant défendues, et, dans une suite de discours énergiques, tout remplis de l'ardeur des accusations contre Verrès, il prit Antoine à partie, et le couvrit de toutes les haines les plus violentes : — « Le voilà, disait-il, l'ennemi public, voilà la trahison et le danger ! » Vains efforts ! l'éloquence avait cessé de régner dans Rome ; Rome appartenait à la force, appartenait au jeune Octave, à Lépide, à Marc-Antoine, à ces trois maîtres qui, tout à l'heure, à la façon des tigres sur une proie, se partageront le monde, chacun donnant à son voisin, en échange des mêmes sacrifices, la tête de ses amis les plus chers. Voilà des crimes de l'ambition que Jules-César eût reniés de toute l'indignation de sa conscience! Il acceptait tous les moyens d'arriver à l'empire, hormis les moyens lâches et déshonorants.

Dans ces dernières journées, où la république était vaincue, où les lois anciennes étaient abolies, où le meurtre et la confiscation devaient accomplir leurs plus sanglants outrages, rien ne saurait se comparer au calme, à la grandeur, à la majesté de l'homme éloquent et courageux entre tous, qui venait de prononcer sa quatorzième Philippique. Il était désormais certain de sa défaite; il voyait s'opérer chaque jour, entre les triumvirs, ce rapprochement funeste qui devait coûter la vie aux meilleurs citoyens de Rome. Et pourtant jamais son âme et son esprit n'enfantèrent de plus belles œuvres, et plus dignes d'un disciple de Platon. Il savait que sa mort était proche; il s'appelait lui-même « un simple habitant d'hôtel garni, *inqui-linus civis urbis Romæ*. » Son dernier jour était marqué aux derniers jours de la république expirante; il restait calme, et tout occupé de ramasser des livres, ou des bustes antiques. « Achetez-moi, écrivait Cicéron à son digne ami Atticus, ce buste de Démosthène et cet exemplaire des œuvres d'Homère, dont vous me parlez dans votre dernière lettre, et me les envoyez à mon cher Tusculum. » Il s'était réfugié à Tusculum, dans sa maison des champs, au milieu de ses livres et de ses marbres, qui représentaient ses poëtes et ses philosophes favoris. Là, il écrivit doucement ses dernières œuvres, complément de sa gloire et de sa popularité charmante. Là, il apprit la proscription qui le frappait, et qu'ils appartenaient à une mort inévitable, lui et son frère Quintus. Telle était la vengeance de Marc-Antoine, indignement servi par la lâcheté d'Octave.

En ce moment suprême, où la terre et les mers lui étaient fermées, abandonné par ce jeune homme, qu'il avait tant aimé, servi, protégé, défendu, et qui se déshonorait en le livrant aux vengeances d'Antoine, Cicéron quitte enfin sa chère demeure, et s'en vient, suivi de quelques esclaves et précédé (ô prodige raconté par Plutarque !) par les corbeaux du temple d'Apollon, jusqu'à sa maison de Caiète, un séjour agréable en été. Là, il voulait se recueillir une dernière fois ; là, il voulait mourir, sans hâte, en vrai sage, et dignement, comme il avait fait toute chose... Hélas ! avant d'atteindre à ces doux ombrages, il rencontra les sicaires de Marc-Antoine : Herennius le centurion, et le tribun Popilius Lénas, un ancien client de Cicéron, qui l'avait sauvé du supplice des parricides. A l'aspect de Lénas, le dégoût le prit de la fuite, et de défendre encore sa vie ! Alors, sans mot dire, avec un geste méprisant, ce grand homme tendit la tête aux assassins, et Popilius Lénas, doublement parricide, ayant abattu cette tête éloquente, l'échangea avec Marc-Antoine, contre un million de sesterces.

Le lendemain, cette noble tête était attachée à la tribune aux harangues ; ces mains illustres, qui avaient écrit les *Philippiques,* furent clouées sur ces planches qui retentissaient encore du bruit de cette voix souveraine. O ciel ! tous les proscripteurs et toutes les proscriptions se ressemblent ! Volontiers les brigands des guerres civiles ajoutent l'ironie au meurtre, et l'insulte au crime ! Une dernière profanation attendait les restes sanglants de ce vieillard défenseur de la majesté de Rome ! Un vil esclave, un flatteur de courtisanes, emprunta cette noble tête aux Rostres épouvantés, et la déposa toute sanglante dans le giron vénal de Fulvie ! Fulvie, une ancienne maîtresse de Clodius, aujourd'hui la maîtresse d'Antoine, tirant l'épingle de ses cheveux de vipère , perça la langue accusatrice des crimes d'Antoine et des lâchetés de Clodius.

O maître excellent, à qui l'humanité est

redevable du *Traité des Devoirs,* rare esprit, dont les lettres charmantes ne furent égalées, au bout de dix-huit siècles, que par les lettres mêmes de Voltaire! exemple et consolateur des plus grandes magistratures et des plus illustres malheurs, rien ne devait manquer aux gloires de ta vie, aux indignités de ta mort !

JULES JANIN.

ÉTUDE BIBLIOGRAPHIQUE

SUR

M. T. CICÉRON

ʹΟ πάνσοφος Τούλλιος, ὁ τῆς παλαιᾶς
ʹΡωμαίων σοφίας ἡγεμών.....

Ceci n'est point un essai de critique ni d'es-
thétique littéraire, pas même une modeste étude
de philologie, à propos du plus illustre des po-
lygraphes romains. Nous n'avons jamais eu la
présomptueuse pensée d'oser, en quelques pages,
chercher à apprécier quelle incontestable et salutaire influence ses nobles écrits ont exercée de
tout temps sur la philosophie, sur la législation,
sur l'économie morale, politique ou religieuse
des peuples auxquels les bienfaits de la civilisation les ont transmis. Nous n'oserions même en-
treprendre de relever ni d'analyser les excellen-

tes notions de pureté, d'élégance et d'atticisme
que les maîtres dans l'art de parler et d'écrire ont
puisées à pleines mains, depuis dix-neuf siècles,
dans cette source intarissable. Au point de vue
philologique, comme à celui de la morale et de
la philosophie, cette admirable thèse a été plus
d'une fois soutenue, avec autant d'érudition que
d'éclat, par les grands esprits du moyen âge et
de la renaissance, aussi bien que par les savants
et les penseurs de notre époque.

Notre but est restreint dans un cadre infiniment plus modeste, et pourtant il offre peut-être
un certain intérêt de curiosité, intérêt qui nous
a soutenu jusqu'à la fin des nombreuses et mi-
nutieuses recherches qu'il nous a fallu faire, et
qui contribuera, nous l'espérons du moins, à
nous faire pardonner ce que présentent toujours
de sécheresse et de monotonie les nomenclatures
et les catalogues.

Essayer de faire l'histoire des manuscrits de
Cicéron, raconter, aussi succinctement que possible, les péripéties par lesquelles ils ont dû passer depuis les époques barbares jusqu'à la découverte de l'imprimerie, c'est-à-dire jusqu'à la
renaissance des lettres ; faire suivre cet aperçu,
nécessairement fort imparfait et un peu confus,
d'un extrait bibliographique relatif aux premières
et aux meilleures éditions des nombreux ouvrages

du *prince des orateurs romains* (c'est la formule
consacrée depuis des siècles), voilà ce qu'il nous
a paru intéressant de tenter; et, si le résultat, bien
imparfait, auquel il nous a été possible de par-
venir, est loin de satisfaire la juste susceptibilité
du public des lettrés et des érudits, peut-être au
moins voudra-t-il bien, malgré la sévérité à laquelle son caractère l'oblige, nous tenir compte
des extrêmes difficultés auxquelles nous avons
dû nous heurter à chaque pas dans un genre de
travail où tout est hypothèses, ténèbres, contra-
diction, et pour lequel manquent presque absolument les documents sérieux et les faits acquis au domaine de l'histoire.

Les manuscrits des grands classiques grecs et
romains furent conservés en grand honneur pendant les cinq premiers siècles de l'ère chrétienne.
Deux causes principales amenèrent leur destruction, qui fut malheureusement aussi rapide que
complète.

L'invasion des hordes barbares, peu soucieuses
des chefs-d'œuvre des lettres et des monuments
des beaux-arts d'Athènes et de Rome, invasion
qui détermina instantanément et fatalement la
corruption de la langue, en même temps qu'elle
fit disparaître jusqu'aux plus faibles vestiges du

goût et de l'élégance qui avaient jeté un si splendide rayonnement sur les grands siècles de Péri-
clès et d'Auguste.

En second lieu, la décadence rapide de la so-
ciété civile romaine, en même temps que la pré-
dominance d'une religion nouvelle, qui, sortant
triomphante des luttes terribles qu'elle avait sou-
tenues contre ses persécuteurs, les empereurs de
la Rome païenne, fut peut-être tout d'abord presque aussi funeste aux monuments littéraires,
derniers débris d'une civilisation à tout jamais
vaincue, qu'avaient dû l'être les déprédations
sauvages des Huns, des Goths et des Vandales.

Ne nous est-il pas également permis de croire
que les polémiques violentes, suscitées, dès les
premiers siècles de l'Église, par un fatal besoin
de controverse, entre les docteurs orthodoxes et
les hérésiarques qui ne tardèrent pas à surgir,
amenèrent la destruction d'un grand nombre de
manuscrits profanes?

L'Église était alors fertile en grands courages,

qui versèrent des flots d'encre, et, quand le parchemin manqua, employèrent tout ce qui leur
tomba sous la main ; des scribes ignorants
croyaient pouvoir, dans leur zèle pieux, sacrifier
Tacite, Horace et Cicéron, ces flambeaux éblouis-

sants d'une civilisation redoutée, aux écrits des Tertullien, des Origène, des Lactance et de tant d'autres grands esprits, qui pourtant avaient puisé, sinon leur inspiration, du moins leur élégance et leur pureté aux sources limpides des lettres antiques.

Hâtons-nous d'ajouter que si, pendant une période qui ne fut, hélas ! que trop longue, l'incurie et l'ignorance des moines, et même de quelques évêques, occasionnèrent la dilapidation et provoquèrent la ruine des plus précieux trésors des grandes civilisations passées, pendant les siècles suivants, au contraire, certains prélats et quelques couvents de France et de Belgique, d'Angleterre et d'Italie, appartenant à des ordres lettrés, apportèrent à la recherche des monuments littéraires, enfouis dans leurs archives, une ardeur passionnée, une fièvre d'investigation, qui produisirent les résultats les plus féconds ; secondés par le zèle éclairé de quelques-uns de nos rois, Charlemagne, saint Louis et Charles V, entre tous, ces travailleurs infatigables, ces modestes pionniers de la civilisation moderne, dont l'histoire aurait dû conserver les noms, parvinrent, après des efforts qui durèrent des siècles, à retrouver, à coordonner et à transcrire une grande partie de ces monuments inestimables, dont les esprits élevés déploraient,

dès ces époques reculées , la perte à jamais regrettable.

Ce qui contribua également à préserver jusqu'à
l'époque de la renaissance (du ve au xive siècle)
quelques fragments antiques , et facilita singu-
lièrement les investigations des hommes véritablement dévoués à la science, ce fut la conservation de la langue latine , chez tous les peuples
qui n'étaient pas absolument retombés dans la
barbarie, comme langue officielle pour les actes
légaux , pour les pièces politiques et les corres-
pondances cléricales , enfin et surtout comme
langue usuelle des savants et des lettrés. Il est fort
rare cependant, du vi^e au xiie siècle , époque néfaste où d'épaisses ténèbres couvrent presque
sans éclaircies l'Europe entière (il faut en excep-
ter un demi-siècle pour l'épopée carlovingienne,
et, longtemps après, quelle éclatante lumière
jettent ces grands esprits essentiellement cicéroniens, les Abélard , les saint Bernard , les Jean
de Salisbury, les Henri de Gand!) , il est fort
rare, disons-nous, de rencontrer des citations qui
ne soient pas extraites de la Vulgate et des Livres
sacrés ; et peut-être nous sera-t-il permis , incidemment, d'en tirer cette conséquence rigou-
reuse, que l'austérité intolérante de l'enseignement clérical était bien loin d'encourager l'étude
des classiques profanes , et risquait d'étouffer

sous le poids et les arguties d'une scolastique in-
digeste jusqu'au souvenir des splendeurs littéraires des civilisations païennes.

Pour préparer et faciliter nos études cicéro-
niennes, il nous faut jeter un rapide coup d'œil
sur les *librairies* des couvents et des princes
pendant ces tristes époques. De quelques-unes
nous restent de précieux, mais trop brefs inventaires; des autres les auteurs contemporains nous
décrivent, presque toujours en peu de mots, les
splendeurs et les misères.

Un fait ressort tout d'abord de cette courte ex-
cursion dans le domaine de l'histoire : c'est combien étaient rares et clair - semés, *rari nantes* ,
les manuscrits profanes, au milieu du gouffre sans
fond des livres sacrés de liturgie , de scolastique, de dogmatique, de théologie morale ,
catéchétique, parénétique et mystique ; tout ce
gros bagage escorté des saints Pères, des Vies des
Saints , des Actes des Conciles, et des Concor-
dances, et des Commentaires, et des Harmonies,
et des Paraphrases, *et quibusdam aliis*, absor-
bait tout le parchemin disponible. Au milieu de
cette formidable nomenclature, est-il étonnant
qu'on ne voie que bien rarement figurer dans les
inventaires contemporains le nom des plus
grands auteurs de l'antiquité?

C'est qu'aussi les dévots copistes de la plupart

des couvents, à ces époques où le parchemin
devenait de plus en plus rare [1], ne se faisaient
aucun scrupule d'effacer, de gratter sans pitié
les trésors profanes qui couvraient la plupart des
vieux parchemins de leurs librairies, pour y sub-
stituer dévotement leurs Offices, leurs Rituels et
leurs Graduels , et surtout leurs volumineux
Commentaires des livres saints. Une des plus précieuses découvertes de la science moderne a eu
pour effet de réparer en partie le résultat funeste
de ces inepties barbares, en faisant reparaître les
premiers caractères de quelques-uns de ces pa-
limpsestes, et renaître, pour la joie des peuples
civilisés, ces précieuses reliques d'un âge qui n'est
plus.

[1] Aux dixième et onzième siècles surtout, il avait acquis une valeur
exorbitante. Dans les premiers siècles de l'ère chrétienne, alors qu'il se
substituait généralement au papier de papyrus et au papier *cornélien,* on
avait l'habitude de n'écrire que d'un seul côté, particulièrement les
chartes et les actes officiels : ce n'est qu'à dater de la fin du neuvième
siècle que l'on trouve des chartes écrites au recto et au verso. On comprend qu'à une époque où le commerce et l'industrie étaient presque
nuls, cette prodigalité de la matière première amena en peu de temps
une pénurie complète : ce fut alors que les moines commencèrent à
racler le parchemin écrit, avec un fragment de verre cassé ou avec un
grattoir; quelquefois même ils le trempaient dans l'eau bouillante ou le
faisaient passer par la chaux vive. Cette déplorable coutume devint si gé-
nérale et produisit de si funestes résultats que les empereurs d'Allemagne, en élevant à la dignité de comte leurs chevaliers, avec pouvoir
de créer des notaires impériaux, furent obligés d'insérer cette restric-
tion dans les provisions qu'ils leur concédaient : « A condition que les-
dits notaires n'emploieront point de parchemin vieux et raclé, mais
qu'il soit vierge et tout neuf. » (Maffei, *Istor. Diplom.,* p. 69.)

Mais devons-nous accuser de ce sauvage van-
dalisme ces pieux et ignorants scribes, ces hum-
bles et habiles manœuvres, dont les travaux mer-
veilleux de patience et de délicatesse font encore
l'admiration de notre époque? Lettrés ou ignorants, pourvu qu'ils possédassent une belle écriture, ces pauvres moines étaient employés par
les évêques, dès la fin du IIIe siècle, à la transcription des pièces concernant l'histoire ecclé-
siastique et les textes sacrés : quelquefois même
c'étaient des jeunes filles qui consacraient les
plus belles années de leur existence à ce travail
ingrat et pénible ; et l'illustre auteur de l'*Enco-
mium Moriæ*, Érasme, se plaint avec amertume
des moines qui confient à des *fillettes* le soin de
transmettre à la postérité les trésors des lettres
antiques [1]. Hélas! ils ne connaissaient pas même
de nom les auteurs qu'ils détruisaient [2]. Ces pau-

[1] Olim et in describendis libris adhibebatur religio non minor quam
nunc adhibetur in notariis publicis ac juratis ; certe major debebatur,
nec aliunde tam prodigiosa librorum confusio profecta est, quam quod
obscuris quibuslibet et monachis imperitis, mox etiam mulierculis ci-
tra dilectum rei tam sacræ tractatio committebatur. (*Erasmi Adagia*,
tom. II, col. 403.)

[2] Pétrarque s'indigne et s'emporte contre l'ignorance et la sottise des
copistes de son temps : « Comment pourra-t-on jamais, s'écrie-t-il, réparer le tort que nous font les scribes qui, par leur ignorance et leur
paresse, gâtent tout?... Quiconque sait tenir une plume et enluminer
le parchemin se pose en habile copiste, quoiqu'il n'ait aucun savoir, ni
même aucune notion de l'orthographe. Mais qu'importerait l'orthographe, si du moins ils s'astreignaient à copier fidèlement ce qu'on leur

vres moines écrivaient avec une grande netteté,
enluminaient parfois avec une rare élégance ;
pour les rois et pour les évêques, pour leurs
abbés et leurs bienfaiteurs, ils consacraient trente
années de leur existence recueillie à l'exécution
d'un splendide missel ; leur humilité, leur ab-
négation, leur passion pour leur art, quelquefois
leur amour des lettres, sont incontestables ;
aussi rapportaient-ils de grosses sommes d'argent
à leurs abbayes : témoin ces moines de Bayeux qui,
en 1414, firent payer 600 escus d'or au bon roy
Charles VIe les *Heures,* superbement enlumi-
nées, que ce pauvre prince offrit à la duchesse
de Bourgogne, et ce manuscrit des *Homélies* d'Ai-

donne à transcrire ? on aurait au moins la substance des livres, tout en
riant de l'ignorance des copistes. Croyez-vous que si Cicéron, Tite-Live
et d'autres vieux auteurs, surtout Pline, revenus parmi nous, se faisaient
lire leurs ouvrages, on ne les entendrait pas se récrier à chaque page,
prétendant que ce qu'on leur lit est le fait de quelque barbare et non
pas le leur ? Le mal est qu'il n'y a ni règle ni lois pour les copistes : les
ouvriers de tous les états sont soumis à des apprentissages, à des
examens ; il n'y en a point pour des copistes : et cependant il nous faut
les payer bien cher, pour les voir gâter tous les bons livres. » Et dans
une lettre à Boccace, il se plaint de ne pouvoir trouver un homme en
état de copier fidèlement son livre *de Vita solitaria :* « Vous ne pour-
riez croire, lui dit-il, que ce livre, qui a été écrit par moi en si peu de
temps, ne puisse être copié dans l'espace de plusieurs années. » (*Pe-
trarcæ Epist. famil.* Venetiis, J. et Greg. de Gregoriis, 1492 ; in-4.)
Et sur un manuscrit de Cicéron, que décrit Montfaucon dans son *Jour-
nal,* ne lit-on pas cette énergique apostrophe : *Non reperitur plus,
tanta fuit negligentia atque inscitia eorum qui jam nos multis sæculis
anteiverunt : qui suæ inertiæ utinam et ignorantiæ præmia digna ferant !*

mon d'Halberstadt, qui fut acheté au dixième siècle, par Hermengarde, comtesse d'Anjou, à nous
ne savons plus quel monastère, au prix de deux
cents brebis, trois muids de grains et nombre de
peaux de martre [1].

La découverte de l'imprimerie porta un coup
mortel à la modeste industrie de ces pauvres
scribes : dès l'année 1468, en Allemagne et en
Italie, les manuscrits perdaient 80 pour 100 de
leur valeur; aussi, quand, en 1470, les *sorciers*
allemands introduisirent l'imprimerie à Paris,
les copistes, pressentant leur ruine, s'empressè-
rent-ils de présenter une requête au Parlement
contre ces novateurs impies; et cet illustre tribunal ordonna la saisie et la confiscation des
imprimés. Heureusement pour Gering et consorts,
plus heureusement encore pour l'honneur de la
France, « le bon roy Louis onzième » fit défense
au Parlement de connaître de cette affaire, l'é-
voqua à son tribunal, et fit rendre les imprimés
aux typographes.

Mais nous avons hâte d'écarter ces tristes ré-
criminations, et d'aborder, pour n'en plus
sortir, le sujet que nous nous sommes proposé de
traiter.

Un catalogue écrit au neuvième siècle, et qui

[1] Annal. Benedict. lib. LXI, sæc. VI.

termine un antique codex des Scolies de saint
Maxime sur saint Grégoire, ne porte qu'à trente-
deux volumes la bibliothèque du couvent auquel
appartenait ce manuscrit : on y trouve Josèphe
et Pétrone ! mais aussi un ouvrage intitulé simplement *Litteræ ad diversos, secunda pars,* qui
pourrait bien n'être autre que les *Epistolæ ad
familiares ;* tout le reste n'est que théologie et
Pères de l'Église.

Un peu plus tard, la librairie de l'abbaye de
Saint Étienne, en Allemagne, comprend quarante-
trois volumes ; celle d'Évrard, comte de Frioul,
monte à cinquante, et il la divise, à sa mort, entre ses trois enfants, comme l'une des portions
les plus précieuses de son riche héritage.

Au onzième siècle, Guidon, abbé de Pompose,
près Ravenne, réunit soixante-deux ouvrages,
parmi lesquels on remarque Tite-Live, réduit
seulement à dix livres, et que l'on s'efforçait inu-
tilement dès lors de compléter. La bibliothèque
de Moyen-Moutier, dont un manuscrit du temps
nous apprend que cinq moines firent le tour de
force de copier une Bible en cinq mois, n'avait
pu, malgré l'incontestable dextérité de ses scribes, réunir plus de soixante-sept volumes.

A la même époque, vers l'an 1108, Olbert,
abbé de Gembloux (monastère situé à trois
lieues au nord de Namur), qui transcrivit, *pro-*

pria manu, l'histoire de l'Ancien et du Nouveau Testament[1], était parvenu à former une librairie citée comme une grande magnificence : il avait recueilli cent soixante volumes, et il faut remarquer que les auteurs profanes en formaient presque le tiers : on y trouvait Virgile et Lucain, mais pas un seul livre de Cicéron.

Au douzième siècle, la célèbre abbaye de Mont-Cassin, fondée par saint Benoît en 528, n'avait encore que quatre-vingt-dix ouvrages, et certes la règle élevée de cet illustre séminaire des lettres et des sciences avait eu pour but principal d'inspirer aux moines l'horreur de l'oisiveté et le culte salutaire des plus nobles doctrines intellectuelles[2].

[1] « Et quia cum religionis studio vigere fecerat etiam litteralis scientiæ studium, ne et in hoc eis deesset unde hujusmodi artis exsequerentur exercitium, subministravit eis etiam copiam librorum : non passus enim ut per otium mens aut manus eorum torpesceret, utiliter profectui eorum providet, dum eos per scribendi laborem exercet et frequenti scripturarum meditatione animos eorum ad meliora promovet. Appellens ergo animum ad construendam pro posse suo bibliothecam, quasi quidem Scripturæ (Canonici et S. Patres) plus quam centum congessit volumina, sæcularis vero disciplinæ libros (circa) quinquaginta. Mirandum sane hominem unum in tanta tenuitate rerum, tanta potuisse comparare... » (Acta SS. Ord. S. Benedicti, sæc. VI. Pars 1, p. 605.)

Pour plus de détails sur cette illustre abbaye de Gembloux, qui eut l'honneur de produire l'historien Sigebert, voyez l'*Itinerarium per nonnullas Galliæ Belgicæ partes, Abrahami Ortelii et Joannis Viviani*. Antverpiæ, Plantin, 1684. Pet. in-8.

[2] « L'oisiveté est l'ennemie de l'âme, et par conséquent les frères doivent à certains moments s'occuper au travail des mains ; dans d'autres,

Mais un fait singulier, presque inexplicable, et qui cependant présente tous les caractères d'une authenticité absolue, c'est qu'au fond des landes armoricaines, au désert, une petite abbaye perdue, Pontivy, avait, à la fin du onzième siècle, réuni deux cents volumes, nombre inconnu jusqu'alors, et que l'on ne retrouve que dans les catalogues de librairies datés du treizième et du quatorzième siècle.

L'église cathédrale de Constance possédait, vers le dixième siècle, une librairie importante : là, quatre cents ans plus tard, dans ces riches archives, le Pogge et Pétrarque devaient retrouver quelques-uns des plus importants traités de notre orateur. Vers l'an 900, un prêtre, nommé Salomon, qui sortait du savant séminaire de Saint-Gall, fut appelé à l'évêché de cette ville : il apporta, dans l'exercice de ses fonctions épiscopales, les sentiments libéraux les plus élevés, et l'ardent amour pour les lettres latines, dont il avait puisé les principes à l'école de l'abbé de Saint-Gall, le savant Ison : plusieurs de ses ouvrages latins furent longtemps en honneur et

à de saintes lectures... Que l'on choisisse un ou deux anciens pour parcourir le monastère à l'heure où les frères sont occupés à la lecture, et qu'ils voient s'ils ne trouvent pas quelque frère négligent qui se livre au repos ou à la conversation, ne soit pas appliqué à lire, et qui non-seulement soit inutile à soi-même, mais encore détourne les autres. » (*Règle de saint Benoît.*)

conservés religieusement dans les librairies conventuelles du pays : plusieurs figurent encore sur le catalogue (l'un des plus riches qui soient au monde) des manuscrits de l'abbaye de Saint-Gall. *Libri latine ab eo scripti et in Sangallensi et in Constanciensi bibliothecis fuerunt. Suam enim ecclesiam Constanciensem multis ornamentis, plurimis præsertim libris optimis, illustravit. (Casp. Brusch, de omnibus Germaniæ episcop. Epitom.,* tom. I, f. 36.)

Les abbayes de Marmoutier, de l'Ile-Barbe à Lyon [1], de Fleuri, Ferrières, Tours, Saint-Père de Chartres, Corbie, etc., nous prouvent, par de curieux documents, combien peu de manuscrits profanes les abbés les plus lettrés avaient pu ou osé réunir. Les librairies de ces abbayes, qui marquaient entre les plus riches et les plus savantes de l'époque, présentent à peine un vingtième de leur contenu que l'on puisse rattacher à la littérature classique de l'antiquité païenne, et ces classiques offraient le texte le plus incorrect et le plus imparfait : l'ignorance de ces pauvres

---

[1] Cette illustre maison fut établie par quelques proscrits sous le règne de Septime-Sévère ; Charlemagne fut le fondateur de sa librairie, qu'il mit sous la garde spéciale de l'archevêque Leydrade, et qui devint en peu de temps l'une des plus importantes de France. Cinq ans après son couronnement à Rome (805), il lui fit hommage d'un manuscrit des œuvres de saint Denys l'Aréopagite, que lui avait envoyé l'empereur Nicéphore, et d'une Bible grecque et syriaque, corrigée de sa propre main : ce dernier fait du moins est affirmé par Sabellicus et par Palmerius.

copistes, dont nous avons parlé, et surtout le sys-
tème des abréviations, si multipliées à partir du
huitième, et spécialement du onzième siècle,
abréviations que rendaient nécessaires la rareté
et le prix toujours croissants du parchemin,
avaient fini par en altérer le texte, à un point
que déplorèrent bien amèrement les savants
qui s'adonnèrent plus tard à la reconstitution de
ces précieux monuments.

En 1251, la librairie de la cathédrale de Ra-
tisbonne ne comptait pas moins de cinq cents
volumes[1], tandis qu'en 1136 celle que le comte
Gérard légua à l'église d'Angoulême n'en contenait que cent, et celle de Cologne, en 1170,
n'avait réuni que cent quatre-vingt-six volumes.

La Belgique, dès le dixième siècle, était classée par le pape Sylvestre II, l'illustre et savant
Gerbert, comme un des pays de l'Europe les plus
spécialement dévoués à la conservation des monuments littéraires et au culte des lettres : c'était
là, ainsi qu'en Italie et en Allemagne, qu'il pres-
crivait la recherche des anciens manuscrits,

---

[1] A cette même époque, le chapitre de cette église fut obligé de ra-
cheter cette librairie au prix d'une parure d'autel, pesant 67 marcs d'or,
valeur énorme pour le temps. « Anno 1250, cum Ratisbonæ Conrado Fre-
derici II filio insidiæ structæ essent, Conradus illis extrema quæque
minatus est. Ecclesia ad S. Emmeranum vexationem suam bibliothecæ
libris quingentis redemit, ad quam redemptionem altare aureum, quod, a
temporibus Remfoldi exstructum, usque ad ea tempora duraverat,
67 marcarum auri expenderunt. » (*Paralip. abb. Urs. Naucl. gener.* 42.)

dont il ordonnait et surveillait lui-même la transcription avec une admirable ardeur [1].

Certaines bibliothèques abbatiables y jouissaient, au moyen âge, d'une éclatante célébrité ; nous citerons seulement celles de Saint-Martin à Tournai, de Saint-Jacques à Liége, de Sept-Fontaines dans la forêt de Soignies, des chanoines réguliers de Saint-Martin et de l'abbaye du Parc, de l'ordre des Prémontrés, à Louvain, de Gembloux dont nous avons déjà parlé, d'Affligem, de Lobbes, et, par-dessus toutes, celle de Saint-Bavon-lez-Gand [2].

Nous devons dire quelques mots de cette dernière : vers la fin du onzième siècle, cette célèbre abbaye possédait déjà un nombre respectable de livres théologiques ; mais elle dut le principal lustre de sa librairie à la pieuse munificence de l'abbé Henri Gœthals [3], seigneur de Nyenlande, plus connu sous le nom de Henri de Gand, et surnommé par ses contemporains *le Docteur solennel* (né à Gand, 1217, mort à Tournai, 1293). Cet illustre théologien divisa en

---

[1] « Bibliothecam assidue comparo, et sicut Romæ dudum, ac in aliis partibus Italiæ, in Germania quoque ac Belgica scriptores, autorumque exemplaria multitudine nummorum redemi... quos scribi velimus in fine epistolæ designabimus : scribenti membranam sumptusque necessarios ad vestrum imperium dirigemus. » (Gerberti Epist. XLIV, p. 675.)

[2] *Sanderus, Bibliotheca manuscripta belgica.*

[3] Ou Van der Mude.

mourant ses manuscrits entre le couvent des dominicains de sa ville natale et l'abbaye de Saint-
Bavon : ses trésors les plus précieux restèrent à
la librairie de ce monastère.

Bien que l'on n'ait pas conservé le catalogue
de cette collection, on peut juger par les auteurs
dont le Docteur solennel extrait quelques citations
pour ses ouvrages, combien était vaste son érudition et à combien de sources et sacrées et profanes
les trésors de sa bibliothèque lui permettaient de
puiser. Aristote, Cicéron, saint Augustin, Végèce,
Galien, Averroès et Avicenne, saint Jérôme, Platon, Pierre Lombard, Jamblique, Virgile, Josèphe,
Origène et d'autres encore sont par lui cités à
chaque page, et largement mis à contribution.

Cette donation de la librairie du Docteur solennel était faite à la charge, par les moines, de
faire célébrer tous les ans un service anniversaire au bénéfice du donateur, dans l'église de
Saint-Sauveur, et à la condition expresse et for-
melle qu'aucun des manuscrits légués ne sorti-
rait de la librairie conventuelle : malgré ces ré-
serves, quelques années après, le 16 décembre
1321, les bons religieux de Saint-Bavon étaient
condamnés à faire célébrer avec pompe le service
anniversaire qu'ils oubliaient depuis quelques années, et à rentrer dans l'exécution de la clause capitale du testament qu'ils s'étaient trop empressés

de violer, c'est-à-dire à retirer dans un délai de
six semaines les livres qu'ils avaient mis en gage,
« *à laquelle résolution l'abbé de Saint-Bavon, tant
en son nom qu'en celui de ses religieux, a promis,
de se conformer* [1]. »

En Angleterre et en Irlande, le culte des lettres antiques se conserve plus pur et plus ardent
que dans tout autre pays : on était là placé moins
directement sous l'action absorbante du clergé
de Rome. C'est d'Irlande que partent ces pieux
et savants missionnaires, ces évêques voyageurs;
les saint Colomban, les saint Kilian, les Burkard,
les Alain, les Sutbert, qui, en France, en Belgique, en Souabe, en Franconie, en Suisse, sur
les bords du Rhin, et jusque dans le fond de
l'Autriche, laissent partout de précieuses traces
de leur passage, de leur influence et de leurs
utiles travaux. C'est à ces hommes éminents que
l'on doit en France, au temps de Charlemagne,
en Angleterre, sous le règne du grand Alfred, la
réforme de l'écriture, qui, à l'époque des Méro-
vingiens comme à celle des premiers rois de
l'Heptarchie saxonne, était tombée dans une
épouvantable barbarie; c'est aussi à leur zèle infatigable que l'on doit en Angleterre la renaissance des études littéraires. Aussi voit-on, en cet

[1] *Recherches historiques et critiques sur Henri de Gand*, par
Fr. Huet. Gand, 1838, in-8.

heureux pays, et surtout à dater du douzième
siècle, les moines, tout en se livrant pieusement
aux études canoniques, faire marcher de front le
culte des lettres antiques. Ce fait, malheureusement si peu fréquent pendant ces époques d'i-
gnorance et de fanatisme, est prouvé par les
documents les plus incontestables. Les écoles publiques, particulièrement celle d'Oxford, qui,
sous le roi Richard, comptait trois mille étudiants,
et, au dire des Bénédictins, attirait un si grand
nombre d'écoliers de Paris ; celle du monastère
d'York, non moins renommée, étaient, sous tous
les rapports, bien supérieures à tous les colléges
du continent. Les religieux du monastère d'York
possédaient une admirable librairie, formée par
les soins éclairés de l'abbé Egbert, et décrite par
Alcuin en vers pompeux :

> Illic invenies veterum vestigia patrum,
> Quidquid habet pro se Latio Romanus in orbe,
> Græcia vel quidquid transmisit clara Latinis.

Et les plus grands noms de l'antiquité s'y cou-
doyaient, Pline et saint Augustin, Virgile et saint
Jérôme, et Stace, et Lucain,

> Acer Aristoteles, rhetor quoque Tullius ingens.

Et ceci, incidemment, prouve que le grand
philosophe de la Grèce, dont les œuvres, perdues

au moyen âge, au dire de quelques écrivains, ne
nous auraient été rendues qu'à la fin du quatorzième siècle par les Arabes, était, au temps de
Charlemagne, dans les mains des érudits et dans
les librairies conventuelles, tandis qu'un grand
nombre de documents postérieurs viennent con-
firmer ce fait, que ses admirables écrits n'ont
jamais cessé d'être en grand honneur jusqu'à l'année 1479, date de la première traduction latine
de ses ouvrages de logique et de physique, et
1495-98, date de l'édition originale grecque donnée par les Aldes de ses œuvres complètes.

Le grand Alcuin regretta bien souvent les trésors de cette bibliothèque d'York, quand, ac-
cueilli à la cour de Charlemagne, pourvu de
trois abbayes, l'ami, le confident, et, selon la
belle expression de M. Guizot, le premier ministre intellectuel du prince, il faisait corriger et
rétablir les textes altérés de l'ancienne littérature,
reconstituait les écoles, et donnait à tous l'exemple et l'impulsion de l'amour des lettres et des
arts : on sait qu'il copia de sa propre main Térence, et en épura le texte avec un soin mi-
nutieux.

L'excellent livre de Merryweather, *Bibliomania
in the middle ages* [1], donne sur l'état des lettres

---

[1] London, 1849 ; in-18.

et de la civilisation en Angleterre, à cette époque,
de curieux détails que nous mettons largement à
contribution.

Les moines, depuis le treizième siècle, s'y li-
vrent avec ardeur à la transcription des livres
saints ; mais, grâce à la profusion de parchemin
qu'ils ont à leur disposition, ils ne détruisent
qu'un nombre de classiques profanes infiniment
restreint, si du moins l'on compare ce qui se
passe en ce pays aux dilapidations du continent.

Canterbury, Cambridge, Oxford, les abbayes
de Peterborough, de Glastonbury, de Douvres,
voilà où s'accumulent, par le zèle ardent d'abbés
érudits et opulents, les trésors bibliographiques
de tous les âges. Sagement dirigées, ces librairies conservent, avec infiniment plus de respect
que partout ailleurs, les monuments les plus précieux des littératures antiques.

Durham, dont le catalogue se voit encore à la
Bodléienne, renferme au douzième siècle plus de
trois cents volumes, parmi lesquels au moins
vingt auteurs classiques, que viennent encore
augmenter les trésors de la littérature grecque,
rapportés de l'Orient au temps des croisades.

En 1248, la bibliothèque de Glastonbury, l'une
des plus importantes du royaume, contient plus
de quatre cents volumes, parmi lesquels on ren-

contre les grands classiques latins, Tite-Live,
Virgile et Salluste et Lucain.

Le monastère de Reading dans le Berkshire
possédait, sous le règne de Henri III (1216-1272),
une bibliothèque choisie de plus de cent cinquante volumes, dont le catalogue est imprimé
dans le supplément à l'histoire de cette abbaye ;
on y voit les œuvres de Platon, dont les manuscrits sont d'une extrême rareté, Virgile, Horace
et Juvénal.

L'abbaye de Ramsay était infiniment plus riche :
une partie de son très-précieux catalogue, écrit
sous le règne de Richard II ou peu après, existe
encore : on y trouve les titres de près de onze
cents volumes, mais parmi eux trente-neuf *pro-
cessionale*, soixante bréviaires et plus de cent
psautiers ; un peu plus loin, heureusement,
figurent Aristote, Horace, Arrien, Justin, Josèphe, Lucain, Martial, Ovide, Platon, Sénèque,
Salluste, Térence et Virgile.

Avançons encore d'un siècle, et nous trouvons
le catalogue que l'illustre Henri de Estria, élu
prieur du monastère de la Trinité, à Cambridge,
l'an 1285, nous a laissé des incomparables richesses de la librairie de son monastère au treizième siècle : ce vaste et précieux répertoire, conservé encore aujourd'hui dans la bibliothèque
Cottoniana, ne remplit pas moins de trente-huit

pages grand in-folio, sur trois colonnes, et contient
les titres de trois mille volumes. L'étonnement est
extrême devant un pareil résultat de la patience
et de l'infatigable ardeur des religieux de cette
abbaye ; mais déjà le papier de linge était découvert, et les riches dépouilles de la France,
sillonnée et ravagée depuis plusieurs règnes par
des bandes, sans cesse renaissantes, de pillards
et de malandrins, venaient s'entasser dans les
monastères et dans les palais d'Angleterre. Aussi
le catalogue de la librairie de la Trinité est-il un
véritable et splendide monument, plus complet
que tout ce que nous pouvons citer pendant
le moyen âge : Pères de l'Église, théologiens de
toutes sortes et de toutes classes, médecins, astro-
nomes, alchimistes, classiques grecs et latins,
tout se retrouve dans ce dernier inventaire, qui
prouve à quel degré d'élévation étaient portées
les études théologiques et littéraires dans ce pays,
à une époque où le mouvement de rénovation
intellectuelle était à peine indiqué en France et
en Allemagne.

Et déjà cependant, à la fin du douzième siècle,
la renaissance se faisait pressentir en Italie ; les
poëtes et les grands auteurs du siècle d'Auguste,
qui jusque-là étaient restés enfouis dans la poussière des bibliothèques monastiques, commen-
çaient à reparaître à la lumière du jour et repre-

naient leur véritable place, c'est-à-dire la première [1]. L'Angleterre, nous l'avons dit, s'était
fait remarquer au premier rang des nations dans
ce grand mouvement de l'intelligence ; depuis
Guillaume de Malmesbury jusqu'à l'illustre Richard de Bury, l'auteur du *Philobiblion*, il n'est
pas un historien, un chroniqueur, un poëte,
qui ne citent Horace et Cicéron, Tite-Live et
Virgile, et ne s'inspirent de leurs immortels écrits.

Mais ce grand nom de Cicéron, qui retombe
sous notre plume, nous rappelle combien nous
nous sommes écarté de notre sujet, et dans un
pareil travail il est presque impossible qu'il en soit
autrement; la multitude de sources auxquelles
on est forcé de puiser, la foule de documents
que l'on consulte, presque tous renfermant des
faits aussi curieux que peu connus, rendent difficile de suivre rigoureusement une ligne bien
arrêtée, et malgré tout on s'abandonne à des di-
gressions perpétuelles.

Revenons en France, où nous avons à exa-
miner les documents qui nous sont parvenus sur
les librairies de nos rois et de nos princes. Ce
sont principalement des inventaires faits du vi-
vant ou après le décès des fils du roi Jean [2],

---

[1] *Hallam*, t. IV.
[2] Barrois, *Librairie protypographique.*

Charles V, le duc de Berri et Philippe le Hardi, premier duc de Bourgogne de la seconde race, Louis XI, Catherine de Médicis, etc. De nouveau, nous aurons à remarquer combien rares sont les manuscrits des vieux classiques grecs et latins, mais combien fréquentes se présentent les traductions dues aux travaux de quelques savants que nos rois payent magnifiquement : ce sont, entre tous, Pierre Bercheure ou Berchoire, mort à Paris, prieur de Saint-Éloi, en 1362; Laurent de Premier-Faict; Nicolas Oresme, le traducteur d'Aristote; Jehan Courte-Cuisse, etc.

La formation des langues française et italienne, résultat presque immédiat du retour aux saines études et à la culture des littératures profanes, provoque aussitôt une révolution intellectuelle; une école véritablement littéraire surgit dans les deux pays, en même temps que l'état social se reconstitue en France, et que la découverte du papier de linge, vers la fin du douzième siècle [1], vient activer énergiquement les progrès de ce grand mouvement, précurseur de la renaissance. Ici, ce sont les innombrables romans qui procèdent de l'épopée carlovingienne, les naïves poé-

---

[1] Il est peut-être un peu antérieur : Pierre le Vénérable, abbé de Cluny, qui florissait vers 1120, affirme que le papier de chiffon était déjà employé de son temps : « Nos livres, dit-il, sont établis avec des peaux de bélier, de bouc ou de veau, ou des plantes orientales, ou des débris de vieux linges (*ex rasuris veterum pannorum compacti*). »

sies de la langue d'oc, la recherche ardente et les traductions en prose, et surtout en *rymes* des classiques anciens ; par-delà les Alpes, naissent Dante et Pétrarque, Pétrarque, l'infatigable chercheur, auquel nous allons être forcé de revenir avec quelques détails.

Mais, bien avant ces époques fortunées, nos rois avaient réuni de riches librairies : Charlemagne [1], par les soins éclairés et incessants d'Alcuin, d'Éginhard, de Raban Maur, qui fut depuis archevêque de Mayence, de saint Adalard, abbé de Corbie, et de quelques autres savants, ses vrais pairs, avait formé une bibliothèque nombreuse et bien choisie, qui fut négligée sous le pâle règne de Louis le Débonnaire, mais entourée d'un nouvel éclat pendant celui de Charles le Chauve. Ce dernier, un pauvre roi s'il en fut, avait eu le bonheur de rencontrer un ministre lettré, l'archevêque Hincmar, et un conseiller intime, qui fut à la fois homme d'État et l'ardent promoteur des études littéraires : ce fut Eudes, le savant évêque de Beauvais. Grâce à la

---

[1] « Rem christianam et simul litterariam, in Germania et Gallia, valde promovit Carolus Magnus. Princeps erat litteratus, adeo ut græce intelligeret, latine loqueretur, et versus non infeliciter pangeret. Artium liberalium, imprimis astronomiæ peritus, mensibus nomina teutonica imposuit... Barbara et antiquissima carmina, quibus res gestæ veterum continebantur, litteris scribi mandavit. Inter cœnandum historias et antiquorum regum res gestas avide audivit. » (*Joh. Lomeier, de Bibliothecis.*)

haute influence de cet homme illustre, l'école de Paris prit un tel éclat que les étrangers eux-mêmes en furent frappés. Herric, moine de Saint-Germain-l'Auxerrois, et Wandalbert, moine de Prum, au diocèse de Trèves, racontent que la prospérité des études littéraires y devint telle qu'Athènes aurait envié le sort de la France, et que la France n'aurait eu rien à envier à l'antiquité. Érigène y professait la philosophie, et son nom et ses écrits prouvent que la littérature et la philosophie ancienne tenaient une grande place dans l'enseignement de cette école. Charles le Chauve laissa en mourant la plus grande partie de ses livres, copiés presque tous au temps des splendeurs de son aïeul, aux abbayes de Saint-Denis et de Compiègne.

C'était à peu près à cette époque que le grand Alfred, roi d'Angleterre, attirait à sa cour le moine Jehan, de l'abbaye de Corbie, et lui confiait la direction des études littéraires, en même temps que le soin de former les moines d'Abingdon à la lecture et à l'art du chant.

Saint Louis, dont l'amour pour les lettres nous est raconté par Godefroy de Beaulieu, son confesseur, et Vincent de Beauvais, le précepteur de ses fils [1], poursuivit avec ardeur la transcrip-

---

[1] L'illustre auteur du *Speculum quadruplex*, imprimé pour la première fois par Mentelin de Strasbourg, en 1473-76, 7 vol. gr. in-fol. —

tion des livres, à laquelle il employait un grand nombre de copistes : il divisa, par son testament[1], la nombreuse bibliothèque qu'il avait formée et déposée à la Sainte-Chapelle de Paris, entre le couvent des Dominicains de Compiègne, l'abbaye de Royaumont, les Cordeliers et les Dominicains de Paris. C'est à l'ardeur que le saint roi mettait à poursuivre la transcription des textes sacrés et même profanes que nous devons probablement Vitruve, dont le nom se trouve cité pour la première fois dans le *Speculum* de Vincent de Beauvais ; ce dernier parle également pour la première fois des *Épîtres* de Pline, ainsi que de plusieurs auteurs de la basse latinité, qui avaient disparu dans la poussière des librairies conventuelles.

Au quatorzième siècle, nous ne retrouvons plus dans la bibliothèque de nos rois que trois classiques, Ovide, Lucain et Boèce, et, malgré l'assertion de Hallam, nous ne voyons nulle part figurer le nom de Cicéron.

Dans l'inventaire de la bibliothèque de Charles V, fait en 1373, bibliothèque qui plus tard fut enlevée, et non pas achetée, par le duc de

Voyez sur cette volumineuse, mais précieuse encyclopédie du treizième siècle, l'excellent travail de M. Daunou, dans le 18ᵉ vol. de l'*Histoire littéraire de la France.*

[1] *Histor. Franc. Script.*, t. V, p. 438.

Bedford (ainsi que l'ont écrit deux écrivains anglais [1]), nous trouvons plusieurs exemplaires de Tite-Live, mis en français par Pierre Bercheure ; — les *Epistrez Seneque a son amy Lucile*, traduites par Laurent de Premier-Faict [2] ; — plusieurs exemplaires des *Fables Ysopet ; — Vegesse de Cheuallye (Vegetius de re militari)* ; plusieurs livres d'Aristote, traduits par Nicolas Oresme, entre autres *ung liure nome Polithiques*

---

[1] Les livres que le roi Charles VI laissa après sa mort, en 1423, dans la librairie de la tour du Louvre montaient à 853 volumes, la plupart écrits sur vélin et richement enluminés ; ils furent estimés valoir 2323 livres 4 sous du temps ; cependant le duc de Bedfort, régent de France par droit de conquête, les fit enlever et transporter en Angleterre, sans rien débourser : il est vrai que pour l'acquit de sa conscience il crut devoir consacrer une somme de 1200 livres à l'érection d'un tombeau, où l'on ensevelit le malheureux roi et la reine, sa coupable épouse.

[2] Ce Laurent de Premier-Faict traduisit, pour le duc de Bourbon (oncle du roi Charles VI), le *Livre de Tulle de la Vieillesse*, l'an 1405. Il s'en conserve un beau manuscrit à la bibliothèque de Genève. L'abbé Lebeuf cite encore de ce translateur la traduction du traité *de Amicitia*. (*V*. Académ. des Inscript., t. XVII.)

Un autre exemplaire de ces deux manuscrits de Cicéron, traduit en français par Laurent de Premier-Faict, figure à la vente de la Vallière sous le n° 1250 ; le premier porte cette souscription : *Cy fine le liure de Tulle de Viellesse translate de latin en françois du commandemēt de tres excellent glorieux et noble prince Loys Duc de Bourbon par moy Laurent de Premier-Fait cinquiesme iour de nouēbre mil quatre cens et cinq.*

Le second :

Cy fine le liure de Tulle damitie translate de latin en françois par moy Laurent de Premier-Fait à la monicion et requeste et en lostel de noble et sage homme Bureau de Dampmartin escuier cytoien de Paris et tresorier de France, icelle translation acōplie. IXᵉ iour de iuillet. l'an mil IIII c. et seize.

et yconomiques; — *Valerius Maximus*[1], *couuert de soye vermeille a queue, tres bien escript et ystorié:* c'est la traduction faite par Simon de Hesdin et Nicolas de Gonesse; — *les Faiz et la vie de Cesar et Suetone et des Romains, tres bien ystorie et escript;* — *Ouide le grant, ryme et moralise escript en lettre de note :* ce sont les *Métamorphoses moralisées* de Thomas Waleys, traduites en français; — *Geometria Euclidiz, cum commento Mgri Campani;* — *Ouidius de Puntulo (de Ponto), en ung liuret tres viel;* — *Lucan, tres viel, sans couerture;* — *Ouidius de vetula rustica deflenti;* — *Plato in Thimeo;* — *Josephus en deux tres grans volumes;* — *Alexander Magnus et Lucanus, couerts de parchemin:* le premier est sans doute Quinte-Curce.

Dans l'inventaire de livres de Charles V et de Charles VI, non compris dans celui de 1373, nous trouvons : *Astronomia Ypocratis, Astronomia Aristotelis, Tractatus de urinis* et autres traités de médecine ; — *Lucanus en latin de lettre Boulenoise;* — *Ouidius de Epistolis,* en latin; *Titus Liuius,* de la traduction de P. Bercheure.

[1] C'est ce *Valère le Grand* qui fut imprimé pour la première fois vers 1476, on ne sait où ni par qui, mais avec de beaux grands caractères gothiques, sans chiffres, réclames ni signatures : c'est incontestablement l'un des premiers livres imprimés en français. Il est d'une extrême rareté, et, chose étrange! trois magnifiques exemplaires, enrichis de précieuses miniatures, en sont conservés à la Bibliothèque impériale.

Dans la bibliothèque de Jehan, duc de Berry, au château de Mehun-sur-Yèvre, dont le catalogue est relaté dans le compte d'exécution testamentaire de sa succession, dressé par Jehan le Bourne, nous trouvons Aristote, Priscien, Térence, Boèce, Lucain, Végèce, Valère-Maxime, Tite-Live, Suétone, César, tant en latin qu'en traductions françaises, mais, et le fait mérite d'être remarqué, ainsi que pour les précédents inventaires, pas un seul volume de Cicéron.

La librairie de Charles d'Orléans, à son château de Blois, contient un bon nombre de classiques, mais rien de Cicéron.

Du reste, et nous aurons à revenir sur cette singularité, les manuscrits des nombreux ouvrages du grand orateur, qui plus tard deviennent si communs, qui sont au quinzième siècle transcrits, traduits, commentés par l'Europe entière, sont, du dixième au commencement du treizième, d'une insigne rareté, et disparaissent presque absolument.

Dans la librairie de la Sainte-Chapelle de Bourges, dont le catalogue fut dressé en 1405, nous trouvons Galien, Josèphe, Valère-Maxime, Boèce, mais le nom de Cicéron ne figure point.

Pas davantage dans la librairie des sires de Jaligny ; pas davantage dans l'inventaire de l'abbaye de Saint-Père de Chartres, où l'on trouve cependant Ovide, Juvénal et Virgile.

Les lettres de Jornandès [1] prouvent que chez les
Goths et les Visigoths, au cinquième et au sixième
siècle, on lisait assidûment les classiques latins, et que Cicéron jouissait parmi ce peuple,
à peine au début de la civilisation, de tous les
honneurs dus au prince des orateurs.

Cassiodore le possédait : Isidore de Séville le
cite à toutes pages dans son livre des *Étymo-
logies* et dans ses lettres à l'évêque Braulion.

Saint Loup (nous croyons qu'il a été canonisé),
évêque de Ferrières en Gâtinais, écrit au pape
Benoît III, au milieu du neuvième siècle, une
lettre que l'on a heureusement conservée : il le
prie humblement de vouloir bien faire remettre
à deux de ses religieux, qu'il expédie à Rome à
cet effet, le traité de Cicéron, *de Oratore*, et deux
autres ouvrages qu'il ne possède qu'incomplets,
promettant de les restituer, après transcription,
avec une scrupuleuse fidélité.

Dans une autre lettre adressée à Régimbert, il
le supplie de lui rapporter d'Italie : *Catilinarium et
Jugurthinum Salustii, librosque Verrinarum* ; et
il ajoute : *et si alios vel corruptos nos habere, vel
penitus non habere cognoscitis, nobis afferre di-
gnemini, ut vestro beneficio vitiosi corrigantur.*

---

[1] Les manuscrits de Jornandès furent retrouvés dans une obscure librairie d'Allemagne, par Æneas Sylvius Piccolomini, qui monta sur la
chaire de saint Pierre sous le nom de Pie II.

D'une nouvelle épître de cet ardent ami des lettres il semble résulter que l'on possédait au temps de Charlemagne, à peu près complète, la traduction des *Phénomènes* d'Aratus, en vers, par Cicéron, car il dit : *Tullium in Arato trade, ut ex eo quæ deesse egil* (sic) [1] *noster aperuit suppleantur.*

Au dixième siècle, on lisait à l'abbaye de Fleuri le fameux traité *de Republica,* qui fut perdu peu de temps après : Pétrarque le chercha par toute l'Europe, et son désespoir de n'avoir pu retrouver ce précieux monument est décrit en termes éloquents dans sa correspondance : le cardinal Maï devait être plus heureux.

Voici le fragment d'une lettre que le grand et savant Gerbert, qui fut pape sous le nom de Sylvestre II, écrivait à ce sujet : *Comitentur iter tuum Tulliana opuscula de Republica et in Verrem et quæ pro defensione multorum plurima romanæ eloquentiæ parens conscripsit (Epist.* 87)[2].

---

[1] Peut-étre faut-il lire Ægidius.

[2] Ce grand homme, qui poussa l'amour des lettres et le culte des monuments littéraires et scientifiques à un tel point qu'il fut ouvertement accusé de magie et de cabale par ses contemporains, si nous acceptons le témoignage de Platine, avait réuni une riche et nombreuse bibliothèque, recherchée et conquise à grands frais dans l'Europe entière : voici un fragment d'une de ses lettres adressée à l'abbé Egbert, de Tours, fragment que nous avons déjà en partie cité et qui prouve de quelle ardeur il était animé dans la poursuite de ces précieuses reliques: *Bibliothecam assidue comparo, et sicut Romæ dudum, et in aliis par-*

Parmi les manuscrits qui figuraient dans la très-précieuse librairie de l'abbaye de Saint-Germain-des-Prés de Paris, on voyait un livre fort curieux attribué à Cicéron, dont on faisait remonter l'antiquité jusqu'au quatrième siècle : on crut reconnaître que cet important monument n'était autre que le fameux traité *de Consolatione ;* mais il était presque illisible, rempli de chiffres inconnus, bien qu'il eût appartenu longtemps à saint Cyprien ¹, qui l'avait, prétendait-on, cou-

tibus Italiæ, in Germania quoque et Belgica scriptores, authorumque exemplaria multitudine nummorum redemi, adjutus benevolentia et studio comprovincialium, sic, identidem apud vos per vos fieri sinite ut exorem. Gerberti (Epist. 44, p. 675.)

¹ Il est assez probable qu'avant de tomber entre les mains des béné-dictins, ce manuscrit avait appartenu au célèbre Jean Trithème, qui en parle fréquemment dans sa *Polygraphia*, livre aussi bizarre que savant. Nous demandons à nos lecteurs complaisants la permission de transcrire en entier quelques-uns de ces passages, bien qu'ils aient été reproduits déjà par divers auteurs, notamment par André Patrizzi, dans son excel-lent ouvrage intitulé : *Omnium M. T. Ciceronis operum quæ desideran-tur fragmenta ;* Venetiis, Ziletus, 1578, in-4.

« M. T. Cicero, facundus orator Romanorum, librum scripsit, non parvæ quantitatis, notarum ad filium quem S. Cyprianus Carthaginien-sium præsul et martyr, multis et notis * et dictionibus ampliavit in modum scilicet dictionarii, ubi secundum ordinem ponuntur primo cha-racteres sive notæ, postea dictiones per eosdem characteres designatæ : ita ut dictio quævis per notam sibi significaretur præpositam. Rarus est codex et a semet duntaxat repertus vilique pretio emtus. Nam cum anno Dominicæ nativitatis M. CD. XCVI. bibliothecas plures, librorum

* De ce mot *notæ*, notes, caractères, on fit les *notarii*, écrivains : à propre-ment parler, *sténographes*, si l'on en croit Martial :

Currant verba licet, manus est velocior illis ;
Nondum lingua suum, dextra peregit opus. (Epigr. lib. xiv.)

vert de notes de sa main sacrée…*se non è vero…!*
Quoi qu'il en soit, ce précieux manuscrit dis-
parut avec une grande partie des trésors littéraires de cette abbaye dans le fatal incendie de

amore, perlustrarem, reperi memoratum codicem, in· quodam ordinis
nostri monasterio, nimia vetustate neglectum, projectum sub pulvere
atque contemptum. Interrogavi abbatem, doctorem juris, quanti illum
æstimaret. Respondit : « Sancti Anselmi parva opuscula nuper impressa
« illi præferrem. » Ad bibliopolas adii, postulata Anselmi opuscula pro
sexta floreni parte comparavi : abbati et monachis gaudens tradidi et
jam prope interitum actum codicem liberavi. *Decreverant enim perga-*
meni amore radendum. Ego autem librum etiam hactenus habeo integrum et incorruptum, quem nusquam vidi alibi. »

Nous avons dit que Trithème parlait souvent de ce manuscrit et de
ces caractères cicéroniens : nous empruntons un second passage, qui offre quelques faits nouveaux, à la traduction que Gabriel de Collange, na-
tif de Tour en Auvergne, fit de la *Polygraphia (Clavicule de poly-*
graphie, Paris, Kerver, 1561, in-4, f. 197) :

« Marc Tulle Cicero, aussi facond et éloquent orateur des Romains,
escrivit et dédia à son filz un liure de notes et charactères, lequel après
sainct Cyprian a adapté et accommodé à l'usage des chrestiens en forme
de dictionnaire : auquel premièrement sont escrits les charactères ou
notes, et en après les dictions entenduës et désignées par les dicts charactères, tellement qu'une chacune diction est entenduë et signifiée
par le charactère qui la précède. Et en ces mesmes notes et characthè-
res i'ay autresfois trouué et veu un psaultier parfaict, entier, et élégam -
ment escrit en latin, estant en la librairie de l'église maieure d'Argentine
(Strasbourg), lequel un, ie ne sçay qui, ignare iuge et non cognoissant
ceste intelligence, auoit intitulé et ainsi escrit par dehors : *Psaultier en*
arménique langue. Mais il erroit et failloit grandement pour ne l'a-
uoir bien ny deument entendu : ains deuoit ceste intitulation estre
ainsi descrite : *Psaultier escrit en charactères tulliens ou cicéroniens.* »
Car vn chacun charactère représentoit vne diction latine, et en cela
ne sçauroit estre trompé ne déceu : car i'ay en ma puissance et en ma
bibliothèque le mesme et entier dictionnaire de Cicero, amendé depuis
et corrigé par sainct Cyprian : qui est un fort antique liure, et lequel
n'ay iamais veu ny peu trouuer ailleurs. Et y a en iceluy si grande copie
et quantité de charactères auec leurs dictions subséquentes, que facile-

1794, à moins qu'il n'ait été compris dans le vol
de 1791, où les vingt-cinq plus précieux manuscrits, provenant presque tous de Corbie, furent
enlevés et vendus à l'étranger : ils figurent aujourd'hui à la bibliothèque de l'Ermitage à
Saint-Pétersbourg : il serait intéressant de véri-
fier si ce livre précieux s'y trouve et ce qu'il est
réellement.

Nous venons de parler de Corbie; un savant
distingué, M. Léopold Delisle, vient de publier,
sur la librairie de cette illustre abbaye, un mémoire extrêmement intéressant dans le tome
XXIV des Mémoires de l'Académie des Inscrip-
tions et Belles-Lettres, auquel nous empruntons
les détails qui suivent : le plus ancien document
relatif à cette bibliothèque importante est un fragment de catalogue du onzième siècle, conservé
à la Vaticane (Ms. 520 du fonds de la reine
Christine); il fut publié par le cardinal Maï, en
1841, mais avec assez peu d'exactitude ; un autre
catalogue du treizième siècle (même fonds,

---

ment ils pourroient suffire à descrire en latin tout ce qu'on vou-
droit. »

Faut-il maintenant faire honneur de la découverte de ces formules
abréviatives à Cicéron lui-même, ou bien au génie inventif de Tullius
Tiro, son affranchi, depuis son familier et son secrétaire? Grave question qui ne rentre point dans notre sujet, et qui d'ailleurs paraît avoir
été tranchée par les diplomatistes qui ont baptisé ces *notæ* du nom de
caractères tironiens.

même n°), décrit 33o volumes environ de cette librairie. Cette précieuse collection, considérablement augmentée, pendant les siècles suivants, par le zèle de quelques abbés et les dons d'un grand nombre de savants et de fidèles, fut malheureusement exposée à de terribles dilapidations pendant les guerres civiles des seizième et dix-septième siècles. Parmi les manuscrits qui avaient échappé à ces nombreuses et fatales péripéties, les plus précieux (environ 4oo) furent réunis à la bibliothèque de Saint-Germain-des-Prés en 1636 [1], où ils furent conservés en grand honneur jusqu'en décembre 1795 et janvier 1796, date de leur réunion définitive (nous l'espérons du moins) à la Bibliothèque impériale, où ils sont compris sous la rubrique de : fonds de Saint-Germain-des-Prés.

Presque tous les classiques latins figurent dans ce précieux catalogue du treizième siècle, que M. L. Delisle vient de publier *in extenso* : César, Quinte-Curce, Térence, Virgile, Martial, Perse, Juvénal, Lucain, Salluste, Tite-Live, etc., etc. ; de Cicéron nous trouvons, chose remarquable, trois manuscrits du traité *de Consolatione ;* que sont-ils devenus ? les *Philippiques ; Prima Rhe-*

[1] Ces manuscrits de Corbie, portés à Saint-Germain-des-Prés, sont compris dans le catalogue de la bibliothèque, dressé en 1677, catalogue dont Montfaucon nous a donné l'abrégé.

*torica Tullii ; Tullius de Senectute ; Tullii liber,
Secunda Rhetorica ; Utraque Rhetorica, ad Herennium ; Tusculanarum.*

Dans le Catalogue dressé par Henri de Estria des
richesses bibliographiques du monastère de la
Trinité à Cambridge, que nous avons déjà men-
tionné, nous voyons figurer plusieurs traités de
Cicéron : les *Paradoxa*, le *de Senectute*, le *de
Amicitia* et le *de Officiis.*

Sous le nom de Tully, il est également men-
tionné dans l'inventaire de la librairie du monastère de Durham au douzième siècle, dont fut
abbé, un peu plus tard, le célèbre Richard de
Bury. En 1153, Hugh de Pusar, évêque de cette
ville, le propre neveu du roi Étienne, possédait
également plusieurs manuscrits de Cicéron.

Mais jamais, à aucune époque, dans aucune
contrée, on ne rencontra plus fanatique admira-
teur du grand classique romain que l'illustre
Pétrarque[1]. Dans ses lettres intimes, avec cette
complaisance, cette prolixité que le bibliophile
met d'habitude à narrer ses fouilles, ses décou-
venues ou ses triomphes, il prend soin de nous
raconter qu'il faisait rechercher et qu'il recher-
chait lui-même les manuscrits anciens de Cicé-

---

[1] « Mihi quidem, dit-il, vix unquam peregrinatio longior suscepta est,
ubi non incognitos Ciceronis, ne dicam libros, sed inaudita librorum
nomina compererim. »

ron par toute l'Europe. Jamais il ne passait près d'un monastère sans se détourner de sa route pour en visiter scrupuleusement la bibliothèque, quels que dussent être les inconvénients qui pouvaient résulter pour lui de ces retards. Lorsque, à l'âge de 25 ans, il parcourut la Belgique, toujours à la recherche des anciens manuscrits, il retint ses compagnons de voyage dans une mauvaise auberge, à Liége, pendant plusieurs jours, pour l'aider à transcrire deux des discours les plus importants de Cicéron (l'un était : *Oratio pro lege Manilia*), qu'il avait eu le bonheur de retrouver, et qu'il eut la gloire de faire rev vre, et c'est alors qu'il ajoute : *De libris quidem Reipublicæ jam desperans, librum de Consolatione quæsivi anxie, nec inveni*[1].

Nous avons déjà parlé de ce beau livre *de Republica*, dont le cardinal Maï fut assez fortuné pour retrouver d'importants fragments, et nous y reviendrons ; mais le traité en deux livres *de*

[1] C'est dans le récit de ce voyage qu'il se plaint amèrement de l'ignorance et de l'abrutissement de ces villes étrangères, dans lesquelles il a beaucoup de peine à trouver un peu d'encre, et encore de l'encre jaune comme du safran : *Circa quintum et vigesimum vitæ annum, inter Belgas Helvetiosque festinans, cum Leodium pervenissem, audito quod esset ibi bona copia librorum, substiti, comitesque destinui, donec unam Ciceronis orationem manu amici, alteram mea manu scripsi, quam postea per Italiam effudi, et ut videas, in tam bona civitate Barbarica, atramenti aliquid, et id croceo simillimum reperire magnus labor fuit.* (Petrarchæ epist. rer. sen. L. XV. Ep. 1. p. 949.)

Gloria, le poëme sur *le Consulat*[1], un autre nommé *Limon*, celui qu'il fit en l'honneur de son compatriote Marius[2], la plus grande partie de sa traduction en vers des *Phénomènes* d'Aratus ; enfin, perte à tout jamais regrettable, ce traité *de Consolatione*[3], écrit d'inspiration par un père au désespoir sur le corps inanimé de sa fille, morte à la fleur de l'âge, tout cela, et bien d'autres chefs-d'œuvre, sont, hélas ! perdus probablement pour toujours !...

Dans cette même lettre où il raconte, avec une joie non déguisée, sa découverte de l'*Oratio pro lege Manilia*, Pétrarque entre dans de curieux détails sur les fatales destinées des deux livres *de Gloria*[4]. Un savant et un chercheur de ses amis

---

[1] Quelques auteurs n'ont-ils pas confondu ce poëme sur *le Consulat* avec celui que le poëte Archias, l'ancien précepteur de Cicéron, composait à l'époque même du procès qu'il eut à soutenir, et pour la défense duquel son illustre disciple prononça cette harangue célèbre que l'on a heureusement conservée? Ce poëme, écrit en l'honneur du consulat de Cicéron, a péri, mais le consul a pris soin de consigner ce fait si flatteur pour sa gloire : *Nam quas res in consulatu nostro, vobiscum pro salute urbis atque imperii gessimus, attigit hic versibus atque inchoavit : quibus auditis, quod mihi magna res et jucunda visa est, hunc ad perficiendum hortatus sum.* (Pro Archia poëta. 9-11.)

[2] Quelques vers de ce dernier poëme ont survécu ; tout le monde connaît ce fragment célèbre qui commence par ce vers :

Sic Jovis altisoni subito pinnata satelles...,

fragment que Voltaire a si heureusement traduit.

[3] André Patrizzi n'en a retrouvé que bien peu de chose, tandis qu'il cite des fragments importants du poëme sur *le Consulat*.

[4] Ce même traité de la *Gloire* figure plus de deux siècles après Pé-

dévoués, Raymundus Superantius, les avait découverts et les lui avait gracieusement transmis; Pétrarque, transporté de joie, s'empresse de les montrer à son ancien maître, un malheureux dont le nom nous échappe, Tuscus ou Tuschi, et a l'imprudence impardonnable de les lui prêter pour un jour, pour une heure peut-être ; celui-ci, qui vivait dans une misère profonde et dans la débauche, un vieillard (cet âge est sans pitié)! les met en gage chez un Lombard, un Juif peut-être (on pourrait aisément s'y tromper), obtient deux ou trois misérables écus et disparaît dans quelque bouge immonde. Le poëte, avide de rentrer en possession de son trésor, revient promptement : son homme a disparu; il court au

trarque, dans le catalogue de la bibliothèque du Vénitien Bernardo Giustiniani : cette bibliothèque fut léguée par ce patricien à un monastère de filles ; mais, comme le livre *de Gloria* ne put être retrouvé, malgré de longues recherches, on fut assez généralement convaincu qu'un certain Alcyonius, médecin du couvent, friand amateur des lettres latines et collectionneur ardent, l'avait confisqué à son profit : on ajoute qu'après avoir extrait du manuscrit tout ce qui lui parut pouvoir être fondu dans ses différents ouvrages, il avait condamné aux flammes cette relique pour détruire à jamais la trace de ses exécrables larcins. Quelques critiques prétendent que son livre *de Exilio* est composé tout entier d'emprunts ou plutôt de vols audacieux, faits aux deux livres du traité *de Gloria*; ils établissent cette présomption sur ce fait, qu'un grand nombre de passages paraissent rapportés et mal coordonnés avec le reste de l'ouvrage; que de plus la pensée élevée qu'ils expriment et l'élégance de la latinité surpassent de beaucoup le savoir-faire et le goût habituel de l'auteur. (Voy. P. Manutius, *Rer. Senil.* et l'*Histoire de la vie de Cicéron*, par Middleton. Paris, 1743, 4 vol. pet. in-8, t. III, p. 484.)

Lombard, le Lombard a vendu le manuscrit à un digne confrère, celui-ci à un autre, bref le manuscrit était une seconde fois perdu. Pétrarque, on le comprend, fit les plus furieuses recherches ; il ne retrouva jamais... que le vieux pédagogue.

Pour sortir un peu de la torpeur où l'avait plongé sa mésaventure, le poëte se remit en voyage de découvertes. Cette fois il vit, de ses yeux vit (du moins il l'affirme) les manuscrits du grand Varron ; c'était dans un couvent de la haute Italie ' : il insista pour les avoir ; on les lui fit espérer, puis on changea d'avis : le manuscrit rentra dans les oubliettes du monastère ; Pétrarque eut beau insister, tourmenter, rien n'y fit : l'occasion perdue avait fui pour toujours.

On voit que, s'il fut heureux en quelques circonstances, le pauvre grand poëte avait aussi ses jours de déconvenue ; au reste, nous allons avoir l'occasionde revenir à lui.

Ainsi qu'on peut le voir, d'après les quelques extraits d'inventaires de librairies que nous venons de donner, on peut résumer en peu de mots l'histoire, malheureusement trop incomplète et un peu incertaine des manuscrits de Cicéron.

' Pétrarque ne dit pas où il trouva ou crut trouver les manuscrits de Varron : nous avons quelques raisons de croire qu'il veut parler de l'abbaye de Bobbio, dont les trésors ont été réunis presque tous à la bibliothèque des Médicis, l'une des plus riches du monde.

Pendant les premiers siècles qui suivirent sa mort, tant que le paganisme, battu en brèche par une religion nouvelle, reste debout et triomphant, les écrits du grand homme sont conservés en honneur, renommés à l'égal des plus purs monuments littéraires des grands siècles de la Grèce. Le triomphe définitif du christianisme les fait peu à peu négliger ; ils tombent en désuétude avec tous les inestimables trésors des littératures profanes ; cependant quelques savants, la plupart des Pères et plus tard quelques docteurs de l'Église, s'inspirent encore des immortels écrits de l'orateur romain, et jusqu'au neuvième siècle on retrouve facilement, dans le plus grand nombre des écrivains contemporains, les traces nombreuses de son influence littéraire.

Du neuvième au douzième siècle, ils disparaissent presque absolument ; c'est effectivement de cette époque néfaste que l'on peut dater, presque avec certitude, la destruction des plus précieux fragments littéraires de l'antiquité, dont le monde savant déplorera la perte tant que le sentiment du beau existera.

Voyez de quelles expressions se sert Baronius pour caractériser le dixième siècle : *En incipit annus Redemptoris nongentesimus, terties indictione notatus, quo et novum inchoatur sæculum, quod sui asperitate ac boni sterilitate fer-*

reum, malique exundanti deformitate plumbeum, atque inopia scriptorum appellari consuevit obscurum. (Ann. ecclesiast. Lucæ, 1744, t. XV, p. 500.)

A partir de la fin du douzième siècle, quelques érudits laïques et religieux s'émeuvent de cette disparition : on recherche les manuscrits profanes, on en retrouve quelques-uns, et le nom de notre Cicéron reparaît de distance en distance dans les inventaires des librairies laïques et monacales.

Mais, à dater du quatorzième siècle, grâce aux efforts intéressants, aux recherches ardentes de quelques nobles érudits, à la tête desquels les noms de Pétrarque d'abord, puis du Pogge et d'Ange Politien, de Niccolo Niccoli, et encore ceux de l'archevêque de Pavie, de l'évêque d'Aleria, viennent naturellement se placer, les admirables écrits de l'orateur romain sont transcrits de tous côtés, et, si nous osons nous servir d'une expression malsonnante en grave matière, *reviennent à la mode*. Le quinzième siècle ne fait qu'ajouter à cette ardeur de transcription. Cicéron est dans les mains de tout le monde ; on commence à le traduire, à le comparer, à le commenter ; la découverte de l'imprimerie survient, et son immortel traité *de Officiis* est le premier fragment d'un grand classique dont la possession soit assurée à la postérité par la sublime invention de Gutenberg.

Quelques chiffres ne pourront que prouver ce que nous avons avancé, de l'excessive rareté des manuscrits de Cicéron avant le quatorzième siècle. Dans les ventes successives de l'incomparable bibliothèque du duc de la Vallière, figurent plus de trente manuscrits de Cicéron ; tous, sans exception, ont été désignés par MM. Debure et Van Praët comme appartenant au quinzième siècle. Les nombreux manuscrits du docteur Askew, vendus à Londres en 1775, ne présentent qu'un seul volume, le *de Inventione rhetorica*, qui soit indiqué comme étant du douzième ou du treizième siècle ; tout le reste est du quinzième.

En 1859, un éminent collectionneur, réfugié en Angleterre (tout le monde sait de qui nous parlons), vend la plus grande partie (1190 numéros) des manuscrits de son immense bibliothèque ; il présente en ligne vingt manuscrits de Cicéron : tous sont du quatorzième ou du quinzième siècle ; et nous pourrions multiplier ces citations à l'infini ; mais nous nous contenterons de donner, comme dernière preuve à l'appui de ce que nous avons avancé, le relevé exact des manuscrits cicéroniens de la bibliothèque des Médicis de Florence, et celui des manuscrits appartenant à l'ancien fonds latin de la Bibliothèque impériale (la proportion est à peu près la même pour les autres fonds). La biblio-

[illegible]

thèque Laurentiane ou des Médicis, à Florence,
contient 188 manuscrits cicéroniens ainsi classés :

                    xe siècle........................   1
                    XIe   —   3
                    XIIe —   13
                    XIIIe —   9
                    XIVe —   29
                    XVe   —   131
                    XVIe —·   1

Et de plus un manuscrit formé de parties du
treizième et du quinzième siècle.

Voici donc des manuscrits du onzième siècle :
mais qui nous garantit l'authenticité de cette
attribution? Le catalogue? Mais nous savons ce
que c'est que l'infaillibilité des catalogues. Ce
qui est certain, c'est que l'un de ces manuscrits,
le plus célèbre peut-être (n° 9 du catal. de Bandini, 1764, cod. bibl. Méd.), le manuscrit des
Epistolæ familiares, annoté par Pétrarque, est
porté comme étant du onzième siècle, et il est
certainement de près de deux siècles antérieur :
ceci n'est point une assertion en l'air, c'est un
fait aujourd'hui authentiquement vérifié.

Passons maintenant à la Bibliothèque impériale, où nous trouvons à l'ancien fonds latin :

                    IXe siècle.....................   6
            Xe ou XIe —   8
                    XIIe —   12

Et la même proportion pour les autres fonds.

Comme nous outre-passerions les bornes dans lesquelles doit être circonscrit ce modeste aperçu bibliographique si nous donnions plus d'extension à nos citations, nous prendrons la liberté de renvoyer le lecteur, désireux de trouver quelques nouveaux renseignements sur l'état et le nombre des manuscrits cicéroniens existant dans les bibliothèques publiques ou particulières, aux catalogues dressés par Montfaucon et le Maistre, catalogues dont nous publions à la fin du volume un extrait sous forme d'appendice, et nous terminerons ici brusquement cette partie de notre travail, demandant seulement la permission de le compléter par quelques notes bibliographiques indispensables.

Les savantes recherches des bibliographes modernes, les excellents travaux consacrés par M. Brunet et surtout par le regrettable Hain, à l'orateur romain, nous rendent cette tâche bien facile. Aussi, comme les livres de bibliographie sont aujourd'hui entre les mains de tout le monde, nous demanderons la permission d'être très-bref.

Les œuvres de Cicéron ne parurent pas réu-

nies, en corps d'ouvrage, avant l'édition donnée
à Milan par Alex. Minutianus, en quatre volumes in-folio, avec une épître dédicatoire au maréchal de Trivulze, gouverneur de Milan pour le
roi Louis XII. Les deux premiers volumes parurent en 1498; les deux autres l'année suivante.
Cette édition *princeps* est fort belle et fort précieuse; le papier en est très-fort, le caractère
net et d'une grande élégance; c'est, en un mot,
un admirable livre, d'une grande rareté et du
plus grand prix. Les deux premiers volumes
avaient été exécutés sous le gouvernement de Ludovic-Marie Sforce, duc de Milan; mais les deux
autres ne parurent que pendant l'occupation de
la ville et du duché par les Français; comme l'épître dédicatoire au maréchal de Trivulze, ajoutée en 1499 en tête du premier volume, manque dans un certain nombre d'exemplaires, on
suppose, avec quelque apparence de raison,
que, pour ne pas encourir la disgrâce de Ludovic Sforce, qui momentanément avait chassé les
Français de sa capitale, l'éditeur s'empressa de
supprimer cette épître pour tous les exemplaires
vendus pendant ce court intervalle.

L'édition donnée par les Juntes à Venise (1534-
1537), 4 vol. in-fol., est belle comme presque
tous les livres sortis des presses de ces illustres
imprimeurs, et de plus a été pendant longtemps

la meilleure que l'on eût de notre polygraphe;
due aux soins de P. Victorius [1], elle présente un
texte très-pur, enrichi des annotations ingénieuses et savantes de ce critique éminent, tant de
fois réimprimées depuis : mais, comme elle a été
tirée à un nombre considérable d'exemplaires, elle
se rencontre fréquemment et ne se vend jamais
fort cher. Exceptons-en l'exemplaire de Grolier,
relié en 5 vol. in-fol. et vendu chez de Cotte
1,485 fr. et 47 livres sterling à la vente du duc
de Noailles, faite à Londres en 1835; il est aujourd'hui à la Bibliothèque impériale et vaudrait
certainement, à notre époque de fureurs biblio-
maniaques, quatre ou cinq fois cette somme.

Cette édition est préférable à celle donnée
par Badius Ascensius à Paris, en 1510 et 1511,
qui reproduit exactement le texte de Minutianus, et même à celles des Aldes, dont la première (*Venetiis*, 1540-46, 9 vol. in-8°) est cependant publiée par Paul Manuce, qui a corrigé
le texte de Cicéron d'après d'anciens manuscrits.
Ce texte de P. Manuce a été réimprimé par Robert Estienne en 1543-44, 13 tom. en 8 ou 9 vol.
in-8°, et par Charles Estienne, 1555, 4 tom. en
2 vol. in-fol.; cette dernière édition, assez incor-

---

[1] *Usus est Victorius libris scriptis et editis ; induxit etiam quæ in nullo ante edito erant*, dit le savant Ernesti. (Bibl. lat. Fabricii.)

recte, est admirablement exécutée, typographiquement parlant; elle n'a cependant que peu de valeur aujourd'hui.

Parmi les éditions complètes qui méritent une mention honorable, nous citerons celle de Basle, *apud Cratandrum*, 1528, 3 vol. in-fol., avec des variantes en marge, et de bonnes corrections données par Michel Bentinus;

Celle des Estienne (contrefaçon de l'édition Juntine), très-belle d'impression et de papier, Paris, 1538-39, 4 tomes en 2 vol. in-folio.

Cette édition Juntine, avec les excellentes notes et le texte de Victorius [1], fut encore réimprimée plusieurs fois dans le seizième siècle, entre autres par les soins de Camerarius à Basle, 1540, 4 vol. in-fol.

Les Gryphes de Lyon ont donné une foule d'éditions de Cicéron : la première, dont le texte a été réformé par M. Bruto, est de 1540, en 9 vol. in-8°; les suivantes sont de 1546, 1550, 1559, 1570, 1579, 1585. En général, ces éditeurs ont réimprimé le texte de Robert Estienne, c'est-à-dire l'édition Juntine.

Simon de Colines, de Paris, en a donné aussi plusieurs éditions (texte de Robert Estienne); celle de 1543-47, 10 vol. in-12, est fort jolie :

---

[1] Grævius a fait observer, avec un parfait sentiment d'équité, que Cicéron doit plus au seul Victorius qu'à tous ses éditeurs postérieurs réunis.

nous en avons vu quelques volumes dépareillés, à la charmante reliure de Marc Lauwereyns, *M. Lavrini et amicorum*, avec sa belle devise : *Virtus in arduo.*

Mais la meilleure édition du seizième siècle, et l'une des plus parfaites que nous connaissions, sera toujours celle de Denis Lambin.

Elle fut imprimée pour la première fois, à Paris, chez Jac. du Puys, 1565-67, 4 tom. en 2 vol. in-fol.; la plupart des exemplaires portent la rubrique : *Apud Bern. Turrisanum, sub Aldina Bibliotheca;* à la fin du IVe tome, on lit : *Lutetiæ excudebat Floricus Praeuotius anno* CIƆ IC. LXVI. *Mense februario, sumptibus Jacobi a Puteo, Bern. Turrisani, Ph. Galt. Rouillij;* et l'on trouve parfois au frontispice indistinctement le nom de l'un de ces trois éditeurs. Cette édition seule donne l'excellent texte corrigé par Lambin avec une grande hardiesse, mais en même temps avec une immense érudition et un sentiment très-développé du beau et du vrai en matière littéraire : elle a été fort souvent réimprimée. Parmi ces réimpressions, nous citerons celle de Londres, Jackson et Carpenter, 1585, 9 vol. in-8, qui est d'une grande rareté et d'une belle exécution, et celle de Lyon, *sumptibus Sibyllæ a Porta,* 1588, 4 vol. in-4, à laquelle les notes de Denis Godefroid donnent une certaine valeur.

Dans la plupart des éditions suivantes, c'est tantôt le texte de P. Manuce, tantôt celui de Bruto qui sert de base : on l'accompagne des notes de Victorius, souvent réunies à celles de Lambin, et la comparaison des recherches et des travaux philologiques de ces infatigables érudits est presque toujours du plus haut intérêt. Citons encore l'édition donnée par les Aldes en 1578 et années suivantes à Venise ; elle est imprimée en lettres italiques et forme 10 tomes ordinairement reliés en 4 ou 6 vol. in-fol.; quoique accompagnée de fort bons commentaires, elle n'a jamais eu de prix. Puis l'édition de Hambourg, Froben, 1618-1619, 4 tomes en 2 vol. in-fol.; elle est d'une certaine importance, mais mal imprimée et assez commune. C'est le texte de Victorius, revu sur des manuscrits de Heidelberg, corrigé et annoté par Gulielmus et Gruter. De plus, cette édition médiocre offre cette particularité, que c'est la première fois que le texte de Cicéron est divisé par chapitres.

Nous ne faisons mention que pour mémoire de l'édition donnée par les Elzévirs en 1642, 10 vol. in-12 ; elle n'offre d'intérêt qu'aux curieux. Mais celle que les mêmes éditeurs donnèrent en 1661, 2 vol. in-4, est aussi belle d'exécution que remarquable comme pureté ; c'est le texte revu par Gruter, avec les notes de Schrevelius. Malheureusement elle est imprimée en très-petits caractères et fort compacte.

L'admirable édition *variorum* vient ensuite : elle est formée de 21 volumes in-8°, imprimés à Amsterdam et à la Haye depuis 1677, et n'a été terminée qu'assez avant dans le dix-huitième siècle. Le savant Grævius avait eu l'idée gigantesque de donner une édition complète de Cicéron *cum notis variorum ;* mais il succomba à la tâche, et son immense travail, continué par Burmann et Pearce, ne fut complété que longtemps après sa mort par l'Anglais John Davis. Cette belle suite d'excellents volumes est aussi rare que précieuse. Le texte adopté par Grævius et conservé par Davis est celui de Gruter : les notes de tous les commentateurs sont disposées dans un ordre parfait. Bref, cette édition est un véritable monument au point de vue de la philologie comme à celui de la typographie ; on y réunit généralement quelques volumes de Glossaires et de Commentaires, publiés à peu près à la même époque et dans le même format, par les savants contemporains, Tunstall, Ernesti, Wopkens, etc.

Laissons de côté l'édition donnée en 1724 par Is. Verburg, chez les Westein d'Amsterdam, 2 vol. in-fol. Quoique souvent réimprimée, elle laisse beaucoup à désirer, et les notes de l'éditeur sont peu estimées.

Viennent les trois éditions données par le savant Ernesti : la première, imprimée à Leipzig (1737-39, 6 vol. in-8), est la plus recherchée, non pas des curieux (la chose serait naturelle), mais bien des érudits. Les additions et les corrections qui se présentent dans les deux dernières, quoique faites sur des manuscrits anciens, sont assez inexactes et sont loin de présenter l'ordre et la pureté désirables. M. Brunet cependant prétend que la troisième édition, publiée en 1776-77, est très-correcte, et mérite d'être recherchée, quoique imprimée sur mauvais papier; mais M. Graesse, de Dresde, soutient qu'elle est mauvaise et inexacte, et cite Wyttembach, dans la *Bibliotheca critica* [1], comme son autorité : ici, et par extraordinaire, nous croyons devoir nous ranger du côté du bibliographe allemand.

L'édition de l'abbé d'Olivet (Paris, Coignard, Desaint et Guérin, 1740-42, 9 vol. gr. in-4, tirée à six cent cinquante exemplaires, dont vingt-cinq sur gr. pap.) est, nous ne dirons pas trop justement célèbre, mais du moins trop connue pour que nous nous y attachions. Le texte est donné d'après les travaux de Victorius, de P. Manuce, de Lambin et Gruter; mais le travail philologique est bien loin de la perfection, au point de

[1] Amsterdam, 1809.

vue de la science et du goût : aussi cette édition, si remarquable au point de vue typographique, si recherchée au dix-huitième siècle, a-t-elle déjà perdu presque tout son prix. Les savants, surtout depuis la nouvelle édition d'Orélli, la dédaignent, et les curieux n'en recherchent que les exemplaires en grand papier, recouverts des splendides reliures de Padeloup et de Derome. Elle fut très-fréquemment réimprimée à la fin du siècle dernier, particulièrement en Italie et en Angleterre [1].

[1] Nous empruntons au *Manuel* de M. Brunet la note suivante, qui donne quelques détails intéressants sur cette noble entreprise littéraire :

« Une note autographe de feu Delatour, imprimeur, gendre et successeur d'Hipp.-L. Guérin, l'un des deux intéressés dans l'impression du Cicéron de l'abbé d'Olivet, nous fournit les particularités suivantes :

« L'édition ne fut tirée qu'à 650 exemplaires en tout, dont 25 en grand papier. Les 9 vol. se vendaient 108 fr., et en gr. pap. 300 fr. L'abbé d'Olivet, qui cultivait les lettres plus par amour pour elles que par intérêt, et qui d'ailleurs était flatté de pouvoir élever un monument à la gloire de l'illustre orateur romain, objet de ses plus chères affections, ne demanda aucune rétribution pour le travail aussi long que pénible que lui occasionna cette édition. De leur côté, les libraires Coignard et Guérin ne se montrèrent guère moins généreux que le savant éditeur, en fixant un prix aussi modique à un ouvrage qui leur avait nécessité des avances considérables et des soins multipliés. Cependant une entreprise aussi honorable pour la librairie française que l'était celle-ci, fut malheureusement sans succès pour les intéressés, car l'édition ne fut épuisée qu'au bout de trente-sept ans, et elle serait même restée plus longtemps en magasin, si la moitié des exemplaires n'eussent été achetés par Vaillant, libraire de Londres, qui trouva probablement un grand avantage à ce marché.

« Il serait difficile, sans doute, ajoute M. Brunet avec le grain de mi-

L'édition Barbou (Paris, 1768, 14 vol. in-12), publiée sous la direction de Lallemand, reproduit le texte de l'abbé d'Olivet avec quelques bonnes variantes et corrections nouvelles : elle est bien imprimée, d'un format charmant, et conserve un certain prix.

Laissons de côté toutes les éditions d'Oxford, de Madrid, de Deux-Ponts, de Londres, de Glasgow, de Leipzig, etc.; citons seulement celle de Boston, 1818 (23 vol. in-8) : c'est le texte d'Ernesti, et la première édition de Cicéron publiée en Amérique. Mentionnons celle de Lefèvre (Paris, 1823-25, 18 vol. in-18), publiée sous la direction d'Amar et de Victor Le Clerc. Citons encore celle de Lemaire, qui, comme celles de presque tous les classiques de sa collection, est remplie de bonnes intentions, très-complète et renferme une grande quantité d'annotations, de gloses, de remarques et d'arguments, le tout peut-être un peu confus. Elle a été publiée à Paris, de 1827 à 1832, et forme 19 vol. in-8, divisés en cinq parties, dont la dernière renferme tous les fragments retrouvés. MM. J. W. Rinn, Victor

santhropie qui caractérise généralement les hommes qui ont vécu de longs jours, de rencontrer aujourd'hui des imprimeurs aussi désintéressés que l'étaient ceux que nous venons de nommer; mais peut-être des gens de lettres aussi généreux que l'abbé d'Olivet se trouveraient-ils plus difficilement encore. »

Le Clerc et Bouillet, eurent la direction de ce
grand travail.

Remarquons, en passant, combien M. Brunet
s'est montré sévère pour cette immense entreprise littéraire, *la Bibliothèque classique* (144
vol. in-8), que M. Lemaire mit vingt années à
conduire à bonne fin, et dont, malgré tout, le
tort principal est d'être trop développée.

Nous arrivons à l'excellente édition d'Orelli
(*Turici*, 1826-37), 8 vol. en douze parties, très-
grand in-8, qui comprend, outre le texte, tous
les scoliastes de Cicéron, et que son prix réduit
met à la portée de toutes les bourses.

Enfin, et pour terminer cette trop longue énumération, que l'on nous permette d'ajouter que
depuis quelques années un certain nombre de
savants allemands, avec cette persévérance et
cette conscience qui distinguent à un degré si
éminent cette race sérieuse, s'occupent des
travaux philologiques les plus approfondis sur
Cicéron. Ils n'ont pas reculé devant la pénible
tâche de comparer tous les manuscrits qu'ont pu
leur fournir et leurs nombreuses bibliothèques
et même les bibliothèques étrangères, remontant
patiemment de siècle en siècle, jusqu'à ce qu'ils
soient arrivés au texte le plus pur et, si l'on ose
le dire, à la version *princeps*. Ces scrupuleuses
recherches ont déjà, lentement, il est vrai, mais

sùrement, produit d'excellents résultats, et les volumes édités à Leipzig par Tauchnitz d'abord, et depuis par Tübner, dépassent certainement, au point de vue de la correction du texte, tout ce qu'on a publié jusqu'ici de plus authentique.

Hâtons-nous maintenant de passer aux œuvres séparées, que nous diviserons en trois classes : les *Opera rhetorica et oratoria*, dans lesquels nous comprenons les *Orationes;* secondement les *Epistolæ*, et enfin les *Opera philosophica*.

OPERA RHETORICA ET ORATORIA.

LIBRI IV RHETORICORUM AD C. HERENNIUM; LIBRI II DE INVENTIONE.

Ouvrage de la jeunesse de Cicéron, dont les manuscrits s'étaient conservés assez nombreux au moyen âge. Il fut transcrit et mis au net par Omnibonus Leonicenus, qui le fit imprimer à Venise, par Nicolas Jenson, en 1470, gr. in-4, 138 feuillets à 30 lignes. La souscription en lettres capitales qui termine le volume est conçue en ces termes :

Marci Tullii Ciceronis oratoris clarissimi rhetoricorum veterum liber ultimus feliciter explicit. M. CCCC. LXX.

Citons encore une édition de cette Rhétorique, qui fut le premier livre imprimé à Angers avec date : *Rhetorica nova*, Andegavi, Jo. de Turre et Morelli, 1476; pet. in 4.

Les quatre livres *Rhetoricorum* furent tout d'abord attribués à Cicéron par saint Jérôme, et ce jugement a été consacré. Depuis plus d'un siècle la plupart des critiques, attaquant cette attribution, ont prétendu que ce traité était indigne du grand orateur, et en ont fait honneur, les uns à Cornificius le père [1], les autres au fils de Cicéron, puis à Timolaüs, puis à M. Gallio, d'autres enfin à Virginius Rufus ; malheureusement aucun de ces savants n'a su appuyer son attribution de *preuves probantes*.

DE ORATORE LIBRI III (*ad Quintum fratrem*). Grand in-4° de 108 feuillets à 30 lignes, sans indication de lieu ni de date, mais imprimé au monastère de Subiaco, près Rome (*in monasterio Sublacensi*), par Sweynheym et Pannartz, vers 1466 ou 1467, sous le pontificat de Paul II [2], et

---

[1] *Rhetoricæ Ciceronis, seu de Inventione, lib. III. Item incerti auctoris, seu ut quibusdam placet, Cornificii Rhetoricorum, lib. IV.* (Catal. Bibl. Benedictinorum Beatæ Mariæ Florentinæ. Montfaucon. Voyez l'appendice.)

[2] Et certes cet excellent pape n'était pour rien dans la bonne réception qui fut faite aux premiers imprimeurs venus d'Allemagne, hospitalité qui devait jeter un si grand lustre sur son pontificat : en effet, voici ce que dit Platine (*de Vitis ac gestis summorum Pontificum*) : *Paulus II,*

tiré à 275 exemplaires. Ces illustres disciples de Gutenberg et de Scheffer importèrent en Italie la nouvelle découverte à la fin de 1463, et trouvèrent l'hospitalité chez les moines du couvent de Subiaco [1]. Le premier livre sorti de leurs presses fut le *Lactance* de 1465 [2].

Pont. Max. humanitatis studia ita oderat et contemnebat, ut ejus studiosos uno nomine hæreticos appellaret; et Romanos hortabatur, ne filios diutius in studiis litterarum versari paterentur; satis esse si legere et scribere didicissent.

[1] « Joannes Andreas, Aleriensis episcopus, in dedicatione vol. 1. operum Hieronymi (Edit. Romæ, 1468.) Paulo II inscripta, Nicolaum Cusensem cardinalem, peroptasse tradit, ut hæc sancta ars, quæ oriri tunc videbatur in Germania, Romam deduceretur; vota autem ejusdem die XI Augusti 1464 defuncti, sub pontificatu Pauli II (qui pridie Kal. septemb. hujusce anni cœpit) impleta esse : nominans deinde ipsos advectores Conradum Sweynheym et Arnoldum Pannartz. »

[2] La requête adressée par Sweynheym et Pannartz au pape Sixte IV, le successeur de Paul II, requête rédigée par leur protecteur dévoué, l'évêque d'Aléria, et qui fut imprimée à la fin du 5e vol. de la *Glose* de Nicolas de Lyre (Rome, 1472), nous apprend que le premier ouvrage par lequel ces imprimeurs débutèrent au couvent de Subiaco (*unde imprimendi initium sumpsimus*) fut un *Donatus pro pueris,* qu'ils tirèrent à 300 exemplaires, *Donat* aujourd'hui complétement disparu. Cette même requête contient l'énumération des ouvrages publiés par eux jusqu'à cette même année : on y trouve le *Lactance* de 1465, tiré à 275 exemplaires; le *saint Augustin,* à 275 exemplaires; les deux célèbres éditions de *Virgile,* sans date (vers 1469 et 1470), chacune tirée à 275 exemplaires, etc.

Dans l'histoire de Paul II, Platine dit que les imprimeurs allemands, établis sous son pontificat à Subiaco, y préparèrent en un mois l'impression du *Lactance* et se mirent en état de tirer chaque mois deux cents volumes semblables (*Lactantium Firmianum mense uno formaverunt et ducentos hujusmodi libros quoque mense efficiebant.*)

Et Philippe de Lignamine, l'illustre imprimeur, dans sa *Chronique* qu'il fit paraître à Rome, en 1474, sous le patronage éclairé de Sixte IV,

Les moines de Subiaco avaient une riche et nombreuse librairie, et tous les livres imprimés chez eux, entre autres le Lactance, le saint Augustin et le Cicéron, le furent évidemment sur des manuscrits du couvent [1]. Sweynheym et Pannartz trouvèrent là des manuscrits de la petite écriture romaine, dont l'usage s'était conservé jusqu'au huitième et au neuvième siècle, et qui venait d'être reprise par les calligraphes du quinzième ; ils adoptèrent ce caractère, auquel ils donnèrent plus de rondeur et de netteté, et il en résulta ce beau caractère romain, avec lequel ils imprimèrent le Lactance de 1465 et les ouvrages suivants.

La première édition, avec date certaine, du traité *de Oratore*, fut donnée à Rome en 1468 par Ulric Han de Wien, petit in-folio de 91 ff. à 36 lignes. Cet imprimeur tirait à petit nombre, ce qui explique l'excessive rareté de la plupart des livres sortis de ses presses.

Omnibonus Leonicenus, c'est-à-dire de Lunigo, l'un des premiers grammairiens du quinzième siècle, l'élève de Victorin de Feltri, l'un

s'exprime ainsi : *Conradus Sweynheym ac Arnoldus Pannartz, Udalricus Gallus parte ex alia, Teuthones, librarii insignes, Romam venientes primi imprimendorum librorum artem in Italiam introduxere, trecentas cartas per diem imprimentes.*

[1] Voy. Jansen, *Origine de la gravure*, t. II, p. 43.

des meilleurs restaurateurs de la langue latine, enrichit d'excellents commentaires ce traité *de Oratore* : nous le retrouverons au *de Officiis*.

Brutus, sive Dialogus de Claris Oratoribus. Grand in-4° de 78 ff. à 32 lignes par page. Imprimé pour la première fois à Rome en 1469, par Sweynheym et Pannartz, qui s'étaient établis dans cette ville, *in domo magnifici Petri de Maximo* [1] ; il fut tiré à 550 exemplaires [2], réimprimé l'année suivante à Venise par Valdarfer et plusieurs fois encore avant 1480.

Orator, sive de optimo genere dicendi ad M. Brutum, imprimé à Rome pour la première fois en 1469, en même temps et avec la même justification que le *Brutus*.

Maintenant, comment et par qui ces traités de rhétorique furent-ils découverts? Ici nous nous trouvons arrêté par une difficulté. Deux philologues se disputent l'honneur de la découverte : Nicolas Niccoli, et l'évêque de Lodi, Gerardus Landrianus, *Laudis Pompeiæ episcopus*. Le cas

---

[1] L'un des ancêtres du prince Massimo, qui, de concert avec son frère François, avait donné aux imprimeurs allemands l'hospitalité dans son palais, après leur sortie de l'abbaye de Subiaco.

[2] A 275 exemplaires, d'après M. de Laborde ; et une seconde édition, sans date, que l'on confond avec la première, aurait été tirée également à 275 exemplaires. M. de Laborde veut peut-être parler de l'édition sans date du traité *de Oratore*, donnée au couvent de Subiaco, édition que nous avons citée tout à l'heure.

est grave, et nous ne pouvons guère en sortir qu'en nous retranchant derrière cette formule de droit qui interdit la recherche de la paternité ; ou mieux, donnons les titres de chacun, et le lecteur jugera dans sa sagesse.

Nicolas Niccoli, l'ami d'Ange Politien et du Pogge [1], avait, d'après quelques documents contemporains, trouvé à Lodi ce précieux Codex, contenant : *tres de Oratore integerrimos, Brutum de Or. Claris, et Oratorem ad Brutum M. T. Ciceronis* [2]. Il fait part aussitôt de sa découverte à son illustre ami Poggio, qui se trouvait à Londres, et celui-ci lui répond : *De Oratore quod ais repertum esse Laudæ* (mais il ne dit pas : *par toi*), *idque Franciscum Barbarum testari,*

---

[1] Voici ce que dit Le Pogge, dans l'oraison funèbre qu'il prononça de cet illustre philologue : *Quod autem egregiam laudem meretur, summam operam curamque adhibuit ad pervestigandos auctores qui culpa temporum perierant. Qua in re vere possumus dicere, omnes libros fere, qui noviter, tum ab aliis reperti sunt, tum a me ipso, qui integrum Quintilianum, Ciceronis nostri orationes, Silium Italicum, Nonium Marcellum, Lucretii partem, permultosque præterea Germanorum Gallorumque ergastulis mea diligentia eripui, atque in lucem extuli, Nicolai hujus impulsu, cohortatione et pæne verborum molestia esse litteris Latinis restitutos*, etc. Ce passage curieux et tout ce que nous pourrions extraire des doctes écrits de Politien et de Victorius prouvent, il est vrai, le savoir et l'ardeur qu'apportait Niccoli à la recherche et à la transcription des textes perdus ; mais il est évident que le fait considérable de la découverte des *Traités de Rhétorique* de Cicéron n'aurait pas été omis par ses panégyristes, s'il avait eu les moindres droits à la revendication d'une aussi précieuse trouvaille.

[2] *Catal. Medic. Bibl.*, t. II, col. 516.

credo quod illi affirmant et hoc magnum est lu-crum. Et (Lett. xvii) : *Tullii libros de Oratore per-fectos, itemque Oratorem et Brutum integros esse repertos summe gaudeo…* Et plus loin (Lett. xix) : *cupio habere de Oratore, Brutum et Oratorem : ideo te rogo, ut illos ad me quamprimum mittas.*

Nicolas Niccoli a encore pour lui le témoignage de Christophorus Barzizius, homme docte et très-considéré, qui, dans une lettre que l'on a conservée, le remercie de l'envoi du manuscrit *de Oratore*, et lui promet de le lire et de l'épurer avec soin.

Voyons, d'autre part, quels sont les témoignages militant en faveur du savant évêque de Lodi.

Voici ce que raconte Flavius Blondus dans son *Italia illustrata* :

Gasparinus Bergomensis, grammaticus rhetorque celeberrimus, Venetiis meliori solito doctrina nonnullos erudivit…quum Philippus, Mediolanensium dux tertius, Gasparinum Bergomo subditum hominem invitum Mediolanensibus edocendis Padua et Venetia evocavit ; ubi id maxime adjumenti studiis eloquentiæ attulit, quod repertus Laudæ a summo viro Gerardo Landriano, tunc ibi episcopo, multis maximisque in rude-ribus codex Ciceronis pervetustus, et cujus litteras vetustiores paucissimi scirent legere, ad

*ejus perveniens manus interitum evasit. Conti-
nebat is codex, præter Rhetoricorum novos et
veteres, qui habebantur, tres quoque de Oratore
integerrimos, Brutum de Oratoribus claris et
Oratorem ad Brutum M. T. Ciceronis. Unde
liberatus est bonus ipse vir Gasparinus ingenti,
quem assumpserat, labore supplendi, quoad po-
terat, librorum de Oratore defectus, sicut diu
antea in Quintiliani institutionibus, multo labore suppleverat. Et quum nullus Mediolani
esset qui ejus vetusti Codicis litteram sciret
legere, Cosmus quidam egregii ingenii Cremo-
nensis tres de Oratore libros primus transcripsit,
multiplicataque inde exempla omnem Italiam
desideratissimo codice repleverunt.*

Un témoignage aussi explicite, aussi circon-
stancié, venant d'un homme aussi sérieux que
Blondus de Forli, appuyé sur ce fait incontes-
sable que Gerardus Landrianus fut l'éditeur de
ces deux traités, nous paraît devoir faire pencher
la balance du côté de l'évêque d'Aléria.

TOPICA AD C. TREBATIUM. — La publication
de ce petit Traité est due à Gabriel Fontana, de
Plaisance. La première édition connue est un
petit in-4° de 20 ff. à 24 et 25 lignes par page,
publié sans indication de lieu, sans nom d'éditeur, mais avec la date de 1472, et le caractère
qui servit à imprimer (probablement à Venise)

le Traité *de Partitionibus oratoriis*, édité par
le même Fontana. Du reste, ces deux rares
volumes se sont trouvés presque toujours réunis,
et presque tous les bibliographes, Panzer et
Maittaire entre autres, n'hésitent pas à les présenter comme publiés simultanément par le même
imprimeur, et ne formant qu'un seul livre.

Nous retrouvons ce traité dans l'édition du
de Oratore et de quelques autres parties, imprimée en 1485 à Venise, *per Barthol. Alexandri-
num et Andream Asulanum*, et dans celle publiée par Ant. de Strata, sans date, mais évidemment à la même époque : là elle est augmentée
des commentaires de Georgio Valla.

De Partitione oratoria dialogus. — C'était
une traduction d'un ouvrage grec perdu depuis,
que Cicéron avait faite pour l'éducation de son
fils. On donne parfois à ce traité une autre origine : Cicéron se promenait un jour avec un
illustre jurisconsulte de ses familiers ; celui-ci
lui demanda d'improviser un discours sur les
Lieux communs, et sur-le-champ, sans autre
secours que celui de son étonnante mémoire, et
grâce à ses excellentes études des lettres grecques,
Cicéron lui récita son Traité *de Partitione :* il
faut ajouter que c'est incontestablement le moins
parfait de ses ouvrages de rhétorique.

La première édition fut, nous venons de le

dire, publiée par Gabriel Fontana de Plaisance en
1472, sans nom de lieu ni d'imprimeur ; c'est
un petit in-4° de 27 ff. non chiffrés, à 26 lignes
par page. M. Brunet pense que le caractère de
cette rare édition est l'un de ceux qu'employait
Zarot de Milan, dans l'imprimerie duquel Fontana
paraît avoir travaillé comme correcteur. Maittaire prétend que le caractère des *Topica* n'est
pas le même que celui des *Partitiones*, au
moins l'affirme-t il pour un exemplaire qu'il a
vu : sans doute il aura tenu entre les mains une
autre ancienne édition.

DE OPTIMO GENERE ORATORUM BREVIS DISPUTATIO.
— Asconius Pedianus déclarait ce traité perdu :
il fut retrouvé bien des siècles après lui, et publié très-probablement pour la première fois
avec le *de Oratore* et les deux traités précédents
dans l'édition de Venise, 1485, que nous venons
de signaler ; beaucoup plus tard, en 1552 [1], on
le voit imprimé tout seul par le célèbre Vasco-
san, à Paris, in-4°, avec des commentaires d'A-
chille Stace [2].

*Liber de proprietatibus terminorum Ciceronis
juxta ordinem alphabeti compendiose editus.*

---

[1] Voy. Graesse, p. 162.

[2] Achille Stace (Estaço), Portugais du seizième siècle, mêlé à toutes
les fraudes littéraires de son temps : ses notes et ses écrits n'offrent
aucune garantie d'authenticité ni d'exactitude.

In-4° de 32 ff. à 27 lignes sans lieu ni date, mais imprimé avec les caractères d'Ulric Zell, de Cologne. Ce traité, attribué à Cicéron, a été souvent réimprimé dans le quinzième siècle. Une édition romaine en avait été donnée en 1487, sous ce titre : *De verborum copia et elegantia libri II*. — Dernièrement une excellente édition en a été publiée à Leyde, en 1850, in-8°, par les soins du docteur Mahne, sous ce titre : *Quæ vulgo feruntur Synonyma ad L. Veturium, secundum editionem romanam denuo excudi curavit G. L. Mahne*.

ORATIONES. — Cinquante-neuf de ces admirables discours, qui ont si justement valu à Cicéron le titre de *Prince des orateurs*, nous sont parvenus. En voici la liste :

Oratio pro P. Quinto ;
      pro Sex. Roscio Amerino ;
      pro Q. Roscio, Comœdo ;
Orationes (7) de Causa Verrina ;
  Oratio pro M. Fonteio ;
      pro A. Cæcina ;
      pro Lege Manilia ;
      pro A. Cluentio Avito ;
      pro C. Cornelio ;
      in Toga candida ;
Orationes (3) de Lege agraria ;

Oratio pro C. Rabirio ;
Orationes (4) *in L. Catilinam ;*
   Oratio pro L. Muræna ;
      pro L. Flacco ;
      pro P. Cornelio Sulla ;
      pro A. Licinio Archia ;
      ad Quirites (post reditum) ;
      in Senatu (post reditum) ;
      pro Domo sua ;
      de Aruspicum responsis, adversus Clo-
        dium ;
      pro Cneio Plancio ;
      pro P. Sextio ;
      in Vatinium ;
      pro M. Cœlio ;
      de Provinciis consularibus ;
      pro L. Cornelio Balbo ;
      in L. Calpurnium Pisonem ;
      pro M. Scauro fragmenta) ;
      pro T. Annio Milone ;
      pro C. Rabirio Postumo ;
      pro M. Marcello ;
      pro Q. Ligurio, ad C. Cæsarem ;
      pro rege Dejotaro, tetrarcha Galata-
        rum ;
Orationes (14) *in M. Antonium (Philippicæ).*

Outre les deux *Orationes* retrouvées par Pétrarque à Liége, nous savons que les fragments de l'*Oratio pro M. Scauro* furent découverts et publiés par Jean André, évêque d'Aléria, et l'*Oratio pro Cæcina* fut, après de longues recherches, trouvée par Le Pogge dans le monastère de Langres.

Sur la garde d'un manuscrit ancien que l'on conservait à la bibliothèque de Sainte-Marie *in ara Cæli*, à Rome, on lisait cette note : *Hanc orationem antea culpa temporum deperditam Poggius latinis viris restituit, et in Italiam reduxit, quum eam diligentia sua, in Gallia reclusam in silvis Lingonum adinvenisset conscripsissetque ad Tullii memoriam et doctorum hominum utilitatem.*

Les trois discours *de Lege agraria*, ceux *pro Cæcina, pro Rabirio, in Pisonem, pro Roscio Comœdo,* furent aussi découverts par Le Pogge : *Has orationes, quæ antea culpa temporum apud Italos deperditæ erant, Poggius Florentinus, perquisitis plurimis Galliæ Germaniæque, summo cum studio ac diligentia, bibliothecis, quum latentes comperisset in squalore et sordibus, in lucem solus extulit, ac in pristinam dignitatem decoremque restituens Latinis musis dicavit* [1]. Le Pogge ne fit pas cette découverte en Allemagne, en même temps que celle de Silius Italicus, ainsi que l'ont prétendu quelques écrivains, mais bien

---

[1] D. Bern. de Montfaucon, *Diarium italicum*, Paris, 1702, in-4°, p. 374.

dans la riche librairie du monastère de Saint-Gall , à l'époque du concile de Constance, où il trouva en même temps les célèbres Scolies d'Asconius Pedianus ; il était aidé dans ses recherches par Sozomène de Pistoie et un érudit, Bartolommeo da Monte Polliciano, son ami dévoué.

Les *Verrines* et les *Catilinaires* furent également retrouvées par l'infatigable Pogge ; au moins toutes les probabilités sont en faveur de cette hypothèse : elles furent transcrites et mises au net de sa main , et le manuscrit, qui porte son *ex libris : Finis libri scripsit Poggius Romæ*, et au commencement : *Liber Poggii secretarii Papæ*, fait partie de la *Riccardiana*, où il a été minutieusement décrit.

Les *XIV Orationes in M. Antonium* (on sait qu'à l'instar de Démosthène , Cicéron appela ces foudroyants réquisitoires *Philippiques*) furent publiées d'abord à Rome par les soins de J. Ant. Campanus (*voy*. l'article que Maittaire consacre à ce philologue) vers 1470, chez Ulricus Han ou Gallus, dont il dirigeait l'imprimerie (il cumulait les fonctions de correcteur avec celles d'évêque de Teramo, et faisait pour l'imprimerie d'Ulrich Han ce que faisait pour Sweynheym et Pannartz l'illustre évêque d'Aléria). Cette rare édition est dédiée au cardinal de Sienne (c'est un in-4° de 112 ff. à 32 lignes). Le manuscrit

sur lequel le docte Campanus les transcrivit pour
les livrer à l'impression provenait de la bibliothèque Vaticane; Muret en parle dans une de
ses lettres à Turnèbe; il dit qu'après deux ans
de sollicitations incessantes, toujours accueillies
par des fins de non-recevoir, ayant enfin obtenu
la permission de pénétrer dans la troisième salle
du Vatican, il y retrouva un vieux *Codex* des
Philippiques, qui avait plus de sept cents ans
d'antiquité, sans ponctuation, sans abréviations,
à lettres romaines grandes et égales : c'était
le manuscrit de Campanus [1].

Un curieux manuscrit de sept des *Orationes*
existait dans la bibliothèque du duc de la Vallière : il avait été exécuté en Italie au quinzième
siècle pour Sozomène de Pistoie dont il portait
l'*ex libris* :

Ἡ Βίϐλος τοῦ Σωζομένου.

Ce Sozomène de Pistoie était chanoine de la
cathédrale de cette ville, auteur d'une chronique
universelle dont Muratori nous a conservé une
partie, et possédait une fort belle collection de

---

[1] « Tandem admissus inspexi volumen quoddam perantiquum Philippicarum M. Tullii, ante 700 annos exaratum; cujus litterarum confor-
matio, et ὀρθογραφία eadem plane sit, quæ in Pandectis florentinis, in
Terentio Bembi et epistolis Ciceronis, quas P. Victorius vulgavit. » (*Mu-
reti lib.* 2, *Epist.* 18.)

manuscrits classiques grecs et latins, consistant en 116 volumes. On les trouva enchaînés dans six tablettes, lorsqu'après sa mort on en fit l'inventaire en 1460 (le Père Zaccaria a inséré cet inventaire dans la *Bibliotheca Pistoriensis*). Une grande partie de ces manuscrits passèrent dans la collection de Pithou; quelques-uns devinrent la propriété du duc de la Vallière : celui dont il est question portait au commencement du volume, et de la main de Sozomène, la curieuse note suivante :

Melius est emere libros iam scriptos, quam scribi facere ; nam pro membranis exposui grossos tredecim, scriptori dedi libras duodecim et cartorario (au relieur) *grossos quatuor, summa ergo in totum libras sexdecim solidos tredecim denarios vj. die primo mensis martii* M. CCCC. XXV.

Les *Orationes* furent publiées pour la première fois collectivement à Venise, en 1471, par Christophe Valdarfer, sous la direction et par les soins de Lodovico Carbo. Le manuscrit sur lequel ce Carbo transcrivit ces immortels chefs-d'œuvre, appartenait à la librairie du couvent de Santa Maria dell'Orto, de l'ordre de Cîteaux. Carbo avait été introduit dans la librairie par ses amis les Fratelli Zobbini, peintres renommés, chargés, en 1466, de la décoration de la sacristie du monastère. Ce rare volume est un petit

in-fol. de 275 ff., au dernier desquels se trouve
le nom du correcteur [1] ; bien qu'incomplète des
Orationes pro Fontejo , *pro Lege Agraria* , *pro
Roscio Comœdo*, des *Verrinæ* et des *Philippicæ*,
cette édition est généralement classée parmi les
princeps, au même titre que l'édition de Rome,
publiée la même année. Celle-ci , plus rare encore peut-être que celle de Venise, est beaucoup
plus complète [2] ; elle fut imprimée par Sweynheym
et Pannartz, sous la direction du célèbre philologue Jean André, évêque d'Aléria et bibliothécaire du Vatican dont il a été déjà plusieurs fois
question, qui fait précéder son travail d'une épître
dédicatoire au pape Paul II. C'est, en somme, un
très-précieux volume (356 ff., à 46 lignes par
page) tiré seulement à 275 exempl.; ce nombre
restreint, mais en général adopté par Sweynheym
et Pannartz, en explique l'extrême rareté.

L'*Oratio adversus Valerium* , publiée à Bologne par Phil. Béroalde en 1499 , et comprise au
nombre des *Orationes Ciceronis* , est parfaite-

---

[1] Sur l'exemplaire vendu 700 livres chez le duc de la Vallière, se
trouvait une note curieuse, eu ce qu'elle fait connaître le prix des livres
en Italie, au début de l'imprimerie : *Anno Domini M° CCCC° LXXIII
has presentes orationes precio duorum ducatorum auri comparavi teste
signo meo manuali hic appōto anno predicto die XV Januarii. —
Jaulnern.*

[2] Néanmoins elle ne renferme pas les *Verrinæ*, publiées pour la première fois en 1493, à Venise, *per Joannem Forliviensem et Jacobum
Brixiensem socios*. In-fol. de 252 *feuillets* (Hain, 1525.)

ment apocryphe : ce serait, d'après Orelli, l'ouvrage d'un grammairien français du quinzième
siècle.

Les précieux Commentaires du premier des
philologues latins qui se soit voué au culte de
Cicéron, Asconius Pedianus, de Padoue, et ceux
non moins intéressants de Georgius Trapezun-
tius, furent publiés en 1477. C'est un rare in-
folio imprimé à Venise : il conserve du prix,
comme les savantes annotations qu'il contient
conservent encore aujourd'hui de l'importance
et de l'intérêt.

Joignons à ce qui précède le détail de quelques
fragments des *Orationes*, récemment découverts
et publiés :

*M. T. Ciceronis trium Orationum pro Scauro,
pro Tullio, pro Flacco, partes ineditæ, cum an-
tiquo scholiaste, item inedito, ad Orat. pro
Scauro. Mediolani, typis Pyrotæ,* 1814, in-8.

Ces fragments ont été retrouvés, transcrits, an-
notés et publiés par l'illustre cardinal Maï. Il
examinait un manuscrit du poëte chrétien Sedulius [1], dans la collection Bobbio, à la bibliothèque Ambrosienne, quand il crut apercevoir
quelques traces d'ancienne écriture : après un
long et pénible travail, il parvint à faire repa-

----

[1] *Sedulii Carmen paschale, continens historias notabiles Veteris ac
Novi Testamenti, orationis dominicalis paraphrasim,* etc.

raître des mots complets , des phrases entières :

O Deus immortalis ! s'écrie l'enthousiaste savant, *ó Deus immortalis! quid demum video! en
Ciceronem, en lumen romanæ facundiæ, indi-
gnissimis tenebris circumseptum! Agnosco de-
perditas Tullii orationes, sentio ejus eloquentiam divina quadam influere...*

Et après de bien patients travaux, de bien pé-
nibles efforts, il reconstitua, il rétablit presque
intégralement trois des plus importants discours
de Cicéron, perdus depuis tant de siècles. Le
manuscrit du poëte Sedulius était du neuvième
siècle, mais l'écriture des fragments cicéroniens,
que recouvraient les vers du poëte *infimæ la-
tinitatis*, était infiniment plus ancienne, et le
cardinal, d'accord avec plusieurs savants italiens,
n'hésite pas à la reporter au deuxième, ou tout
au moins au troisième siècle.

*Trium Orationum in Clodium et Curionem de
ære alieno, Milonis, de rege Alexandrino fragmenta inedita. Item commentarius antiquus (ad
Orationes VII) qui videtur Asconii Pediani...
omnia ex antiquissimis mss. cum criticis notis
edidit Angelus Maius.* — *Mediolani,* 1814, in-8.

Ces fragments furent encore découverts par
l'infatigable cardinal sur un précieux palimpseste, qui contenait les actes du concile de
Chalcédoine ; ils ont été publiés avec les trois

précédents à Milan en 1817, gr. in-8, avec deux planches de fac-simile.

Ils coûtèrent encore plus de peine au cardinal que les précédents; car les copistes, en cousant ensemble les feuilles pour la transcription des actes du concile, les avaient mêlées, et il lui fallut un travail énorme pour les reconnaître et les classer.

Orationum pro Scauro, pro Tullio et in Claudium fragmenta inedita ; pro Cluentio, pro Cœlio, pro Cæcina variantes lectiones, orationem pro Milone a lacunis restitutam, ex membranis palimpsestis bibliothecæ Taurinensis Athenæi edidit et cum Ambrosianis parium Orationum fragmentis composuit Amed. Peyron. — Stuttgardiæ, Cotta, 1824, in-8.

Nous allions oublier les fragments des *Orationes pro Fonteio et pro Rabirio*, publiés d'après les manuscrits de la Vaticane par F.-C. Niebühr, à Rome, en 1820, in-8, avec un fac-simile.

EPISTOLÆ.

EPISTOLARUM AD FAMILIARES LIB. XVI.

Il serait à la fois curieux et amusant de faire un Guide du voyageur contenant le relevé et le détail des reliques apocryphes du temps passé,

conservées dans les couvents, dans les églises,
dans les musées, dans les bibliothèques publiques. M. Pertz, l'illustre et savant bibliothécaire
de Berlin, se plaisait à faire voir les Tables de la
Loi, l'*exemplaire autographe authentique de
Moïse*. Puis il ajoutait négligemment : « Quant à
moi, je les crois du commencement du quatorzième siècle... » Il ne disait pas si c'était après
ou avant Jésus-Christ.

Simon Staravolscius *ose* imprimer dans sa *Po-
lonia* que les *Tabellæ* αὐτογράφοι des Épistres familières de Cicéron étaient conservées *in bibliotheca
Thorunensi* [1] ; mais on n'a point *osé* le croire
sur parole, et, vérification faite, on a trouvé un
manuscrit du neuvième siècle, et certes la mi-
nuscule carlovingienne a peu de rapport avec la
première grande écriture romaine.

Les dominicains de Bologne montraient bien,
il n'y a pas encore cinquante ans, le Pentateu-
que écrit par Esdras en personne, conservé depuis l'an 1100, sous l'autel de saint Pétrone,
avec la tête de saint Dominique, l'illustre fondateur du saint office, et Florence possédait l'É-
vangile de saint Jean, parfaitement autographe,
et tant d'autres. Nous ne savons si l'on a cessé
de faire adorer aux fidèles dans une chapelle de

[1] C'est Thorn, ville de Pologne, aujourd'hui prussienne, la patrie de
Copernic.

la cathédrale de Sienne le crâne de saint Jean le Précurseur, à l'âge de douze ans... c'est le pays des amplifications.

C'est encore à Pétrarque que revient l'honneur de la découverte des *Epistres familières*. Voyons ce qu'en disent ses biographes et les écrivains contemporains.

L'antique *Codex* qui les contenait est encore aujourd'hui conservé à la bibliothèque des Médicis, couvert des notes autographes du poëte. « Le caractère en est presque français, dit Victorius, et tout le monde sait que Pétrarque, ayant voyagé et séjourné longtemps en France, en avait adopté l'écriture. »

Mais où fit-il cette précieuse trouvaille? Un document extrait du catalogue des manuscrits du marquis Riccardi [1] paraît prouver que ce fut à Vérone. Le codex fut arraché *e latebris ecclesiæ Veronensis*. Mais tout porte à croire que c'est là un faute du copiste ou de l'imprimeur, et l'on doit lire *Vercellensis*. Blondus Flavius affirme en effet avec autorité que ce fut dans cette ville de Verceil que ce manuscrit fut découvert par Pétrarque, *e cæco carcere quo detinebantur eduxit Tullii epistolas, quas diu perquisierat*. Et un peu plus loin, à propos de quelques autres manus-

---

[1] *Cat. Codic. Mss. Riccardianæ.* Liburni, 1756, in-fol.

crits cicéroniens, il ajoute : « *Etsi Epistolas Ciceronis Lentulo inscriptas Vercellis reperisse glo-
riatus est, tres de Oratore et Institutionum ora-
toriarum Quintiliani libros non nisi laceros mu-
tilatosque vidit, ad cujus notitiam Oratoris ma-
joris et Bruti de Oratoribus claris iterum Ciceronis libri nullatenus pervenerunt,* » etc.

Maintenant Pétrarque peut-il également re-
vendiquer l'honneur de la transcription et de la
mise au net du manuscrit, aussi bien que de la
découverte? nous ne le pensons pas. Son bio-
graphe, Jannoctius Manettus, soutient cette
opinion, mais sans l'appuyer de preuves sé-
rieuses : « *Ciceronis epistolas, prius hinc inde
varie dispersas, eo ordine quo nunc videmus,
in sua volumina redegit.* » C'est bien certainement au docte Ange Politien que revient la
gloire d'avoir épuré et reconstitué le texte extrêmement incorrect et confus du manuscrit trouvé
par Pétrarque. Lui-même raconte le fait à plusieurs reprises, et certes le grave Politien était
bien trop probe pour avancer légèrement une
pareille assertion, si le fait n'eût été de la plus
grande authenticité et accepté par tous ses contemporains. Victorius, qui, lui aussi, compulsa
et étudia ce manuscrit, qui servit à la première
édition, confirme énergiquement la réclamation
de Politien.

Conservé en grand honneur après la mort de Pétrarque, ce précieux manuscrit passa dans les mains de savants philologues ; Léonard Arétin en devint possesseur, et après lui son fils, puis Donato Acciaioli, en héritèrent ; enfin, il devint la propriété de la bibliothèque de la célèbre université de Padoue, où le vit Nic. Niccoli, puis il fut transporté à celle de Saint-Marc à Venise, et de là à la Laurentiane ; ce fut enfin le terme de ses longues pérégrinations, et ce fut là, dans cette majestueuse et sévère librairie, que Politien put le transcrire et que Victorius le consulta.

La première édition en fut donnée à Rome, en 1467, par Sweynheym et Pannartz, *in domo Petri de Maximo* : c'est un grand in-4° de 246 ff. à 31 lignes par page entière ; il fut tiré à 275 exemplaires. Ce livre, d'une grande rareté, est d'autant plus important que c'est le premier livre sorti des presses romaines, les deux pères de la typographie en Italie n'ayant pu d'abord établir leur imprimerie que dans l'abbaye de Subiaco.

Deux ans plus tard, les *Epistolæ familiares* furent réimprimées trois fois ; deux de ces éditions furent données à Venise par Jean de Spire, qui porta le premier l'imprimerie dans cette ville ; la première a 125 ff. non chiffrés à 40 et 41 lignes par page ; elle fut terminée en trois mois et est

considérée comme le premier livre imprimé à
Venise [1] ; on lit au verso du premier feuillet :

Primus in Adriaca formis impressit aenis;

les mots grecs ne sont pas imprimés, mais bien
écrits à la main.

La seconde édition est de 136 ff. de 40 et 41
lignes par page; les capitales, comme dans presque tous les livres imprimés dans ces premiers
temps de l'imprimerie, sont laissées en blanc et
rubriquées à la main. Nous croyons que cette
édition fut tirée au nombre considérable de six
cents exemplaires, et non pas de trois cents, ainsi
que l'ont imprimé la plupart des bibliographes ;
nous fondons cette assertion sur le dernier vers
de la souscription :

Hesperiæ quondam Germanus quosque libellos
Abstulit : en plures ipse daturus adest.
Namque vir ingenio mirandus et arte Ioannes
Inscribi docuit clarius ære libros.
Spira fauet Venetis : quarto nam mense peregit
Hoc tercentenum bis Ciceronis opus.

Ce *tercentenum bis*, nous ne pouvons le traduire
que par deux fois trois cents. Malgré ce nombre
si considérable pour le temps, ce volume est de-

---

[1] Quelques bibliographes ont donné à tort la priorité à l'édition de
Pline, donnée par le même imprimeur, la même année 1469.

venu de la plus grande rareté : on n'en connaît
guère que 10 à 12 exemplaires.

La troisième édition, donnée cette même année
1469, fut imprimée à Rome, au mois de novembre,
par Sweynheym et Pannartz (160 ff. in-fol.). Le
texte de cette édition offre quelques variantes.

Epistolæ ad M. Brutum, ad Quintum fratrem,
ad Octavium et ad Atticum. — *Impress. Romæ
vpus in domo Petri et Francesci de Maximis,
presidentibus Conr. Sweynheym et Arn. Pannartz.
A° 1470* (in-fol. de 199 ff. à 38 lig. par page.)

Première et précieuse édition, tirée à 275
exemplaires, publiée par les soins et sous la direction de Jean-André, évêque d'Aléria, dont
l'épître dédicatoire au pape Paul II se trouve en
tête du volume. Il déclare dans cette épître avoir
eu la plus grande peine à se procurer de bons
manuscrits de cet ouvrage, et il ajoute que, sans
les soins empressés et le secours efficace du cardinal Sancti Chrysogoni, il n'aurait pu y par-
venir.

La même année paraissait à Venise une édition
du même livre, publiée par Nicolas Jenson (pet.
in-fol. de 180 ff. à 39 lig. par page). On en
conserve à la Bibliothèque impériale un très-
précieux exemplaire, dont les grandes marges
sont totalement couvertes des savantes notes
autographes d'Ange Politien.

C'est au célèbre grammairien Gasparinus Per-
gamensis (Gasparino Barziza)¹, qui professa longtemps avec éclat à Venise, à l'université de Padoue et enfin à Milan, que l'on doit la découverte
et la communication du manuscrit² sur lequel
Nicolas Jenson imprima cette dernière édition ;
mais celle de Rome fut faite sur le manuscrit
découvert par le Pogge, à Constance ; il y était
allé rejoindre son ami Sozomène de Pistoie, et là,
pendant le concile, les deux bibliophiles infatigables consacraient tous leurs loisirs à la recherche des trésors perdus de l'antiquité. Ce fut là
qu'ils trouvèrent, ainsi que nous l'avons dit, les
Commentaires d'Asconius Pédianus sur Cicéron,
publiés pour la première fois en 1477 ; là aussi
ils firent une découverte infiniment plus précieuse : celle des manuscrits de Quintilien, in-
tacts et bien complets, manuscrits que Pétrarque

---

¹ *Gasparinus grammaticus ac rhetor sua tempestate illustris, Bar-
zizæ natus, qui est in agro Bergomati vicus obscuri olim nominis, Venetiis, mox Patavii, inde Mediolani, multa nominis celebritate, litteras
docuit, primus omnium ad veteris eloquentiæ umbram, quæ sola super-
erat, oculos retorsit. Primus in tres illos M. T. Ciceronis ad Quintum fratrem libros, quum diutissime non exstitissent, incidit, quos situ
et vetustate consumptos, diligenti cura ac studio emendare adortus,
tantum intentiore lectione profecit, ut opus non solum desideratum,
sed deploratum etiam in publicum exhibuerit.* (Lomeier. de Biblioth.,
p. 224.)

² Il était dans un tel état de délabrement que Gasparinus consacra
plus de deux ans à sa transcription.

avait vus, mais n'avait pu acquérir; ce fut là encore, et Blondus Flavius le confirme, que le Pogge
eut seul l'honneur de la découverte des *Epistolæ
ad Atticum*, qu'il rapporta en Italie.

OPERA PHILOSOPHICA.

Les œuvres philosophiques de Cicéron ont été
imprimées collectivement pour la première fois à
Rome par Sweynheym et Pannartz l'an 1471, en
deux parties in-fol., qui sont parfois réunies en
un seul volume. La première partie a été achevée
d'imprimer le 27 avril, et la seconde le 20 septembre. Le recueil forme en tout 368 ff. à 36 et
38 lignes, plus 2 feuillets blancs. La première
partie comprend : *Dialogus de Natura deorum ;
de Divinatione ; Officia ; Paradoxa ; de Amicitia ;
de Senectute.* La seconde : *Quæstiones Tusculanæ ; de Finibus bonorum et malorum ; de Fato ;
de Petitione Consulatus ; pars Libelli de Philosophia ; de Essentia Mundi, in Timeo Platonis ;
Quæstiones academicæ ; de Legibus*[1].

Cette collection de toutes les œuvres philosophiques alors connues de Cicéron ne se trouve
presque jamais complète[2]; on n'en connaît réel-

---

[1] Voyez dans Hain, tom. II, p. 135, une description très-détaillée
de ce précieux recueil.

[2] Le père Laire dit que cette édition est si rare que, si elle ne se trou-

lement que quatre exemplaires parfaits ; celui de la Bibliothèque impériale est peut-être le plus beau et le plus précieux ; c'est l'un des plus admirables livres qui se puissent voir.

Une édition, fort précieuse également, est celle qui fut publiée à Paris par les illustres imprimeurs associés qui, les premiers, importèrent en cette ville l'heureuse découverte de Gutenberg, vers 1470 , Ulrich Gering, Martin Krantz et Michel Friburger. Publiée en 1471, sous la direction de Jean de la Pierre [1] et de Guillaume Fichet, recteur de l'université de Paris [2] ; cor-

vait pas désignée dans la liste que Sweynheym et Pannartz ont donnée à Sixte IV des productions de leur imprimerie, liste dans laquelle ce livre est porté comme tiré à 550 exemplaires, il y aurait à douter de son existence : en effet elle n'a été connue que sur le rapport d'Orlandi et de Maittaire. Le père Laire ne l'a pas vue et le P. Audiffredi non plus, bien qu'il conjecture, d'après un vol. de la *Casanate* contenant les *Tusculanes* avec le *de Finibus* , sans aucune note d'impression, que ce fragment, évidemment sorti des presses de Sweynheym et Pannartz, doit faire partie de cette précieuse édition : elle fut décrite pour la première fois à la vente Crevenna (1789), où s'en trouvait un exemplaire complet.

[1] Jean Heynlin, né à Stein, en Suisse, près de Constance : cette circonstance lui fit donner le nom de Joannes von Stein, ou Johannes Lapideus, ou encore Jean de la Pierre.

[2] Dans l'Épître de Jean de la Pierre, professeur de théologie, à Guillaume Fichet, docteur, on lit ce passage glorieux pour celui-ci :

Nam ut Elo || quentiã e Grecis in Latiũ Cicero pmus omniũ cumulatissime || traiecit! sic e Latio Lutetiam || eam tu longe primus intulisti.

Cette Épître se termine au recto du 3ᵉ feuillet ; puis viennent quatre vers du même au même, et on lit encore :

Sin fuerint frugi | maior tibi q̃ Lapidano
Gratia debetur | laus quoq̃ maior erit.

rigée par Erhardus Windsberg, cette rare et précieuse édition (in-fol., lett. rondes, 212 ff., de
31 lignes à la page), quoique moins complète
que celle de Rome, n'en forme pas moins un
volume du plus grand prix : l'exemplaire de la
Bibliothèque impériale est parfaitement beau [1].

[1] Que l'on nous permette, à propos du splendide exemplaire des
Opera philosophica, de Gering, conservé à la Bibliothèque impériale,
de relever une singulière allégation, que nous trouvons dans .l'intéressant ouvrage de M. Aug. Bernard, sur l'*Origine de l'imprimerie* [*];
voici ce que nous lisons, tom. II, p. 310 :

« Une édition des *Tusculanæ questiones* de Cicéron, in-fol. de 87 ff...
l'exemplaire unique de la Bibliothèque nationale est incomplet de trois
feuillets, le *premier* et deux autres, que Van Praet, pour satisfaire sa
monomanie bien connue, *a eu le courage* d'arracher et de donner à
M. Ant.-Aug. Renouard, en échange d'un exemplaire du *Mérite des
femmes*, in-32, en vélin. C'est ce qu'a constaté Van Praet lui-même
dans une note de sa main, reliée avec le volume et datée du mois de
septembre 1826. »

L'écrivain *qui a eu le courage* d'accuser d'une pareille énormité un
homme dont la mémoire est respectée de tous les savants et de tous les
bibliophiles, aurait peut-être pu se donner la peine de prendre quelques
renseignements à la Bibliothèque impériale; il n'est aucun des employés de cet établissement qui ne se fût empressé de lui communiquer
le bel exemplaire, parfaitement complet, conservé sous le numéro
☀ E ✠ 65 B.

L'écrivain aurait pu ajouter que les deux volumes séparés, doubles de
parties, portant ce même terrible numéro * E ✠ 65 B, sur l'un desquels il a trouvé la note de M. Van Praet, note qu'il ne rapporte même
pas textuellement, n'auraient pu, réunis, former un exemplaire complet des *Opera philosophica*, puisqu'il y manquait les 6 feuillets du *Somnium Scipionis*.

Il n'a pas copié textuellement la note de M. Van Praet, car la voici :

« *Tusculanæ quæstiones*, Paris, Gering, in-fol.

« Manque le premier feuillet et deux autres qui ont été donnés à

[*] Paris, Imprim. impériale, 1853, 2 vol. in-8.

Donnons encore la description de quelques parties importantes de ce recueil, qui ont été imprimées séparément, à des dates antérieures à la publication de l'édition collective.

Officiorum libri tres, Paradoxa et versus XII *Sapientium.* — La première édition fut publiée à Mayence, en 1465, par Pierre Scheffer de Gernsheym et Jean Fust :

> Joannes Fust, Moguntinus civis...
> Petri manu pueri mei feliciter effeci.

C'est un petit in-fol. goth., de 88 ff. à 28 lignes par page. Ce rare et important volume est à la fois le premier volume cicéronien qui ait obtenu l'honneur de l'impression et en même temps le premier des classiques anciens dont la sublime découverte de Gutenberg, de Fust et de Scheffer, ait assuré l'existence. C'est en même temps le premier ou tout au moins le second livre dans lequel on ait employé pour

M. Renouard pour le *Mérite des femmes*, in-32, imprimé sur vélin et 2 *autres volumes*, le   septembre 1826. »

Que ces deux autres volumes fussent d'une valeur considérable ou minime, là n'est pas la question, mais nous pensons, en toute humilité, que l'écrivain aurait pu se donner la peine de mentionner le fait.

Terminons ici cette digression pénible : nous n'avons point qualité pour connaître des torts qu'a pu avoir tel ou tel, en matière littéraire ou bibliographique ; et d'ailleurs M. Brunet a déjà suffisamment relevé cette regrettable inadvertance.

la première fois des caractères grecs [1] : on peut,
à cause de la rudesse et de l'imperfection de ces
caractères, et des lettres gothiques semées à
travers les lettres grecques, leur accorder hardiment l'antériorité sur ceux qu'employaient la
même année Sweynheym et Pannartz à Subiaco
pour l'impression du Lactance. De plus les caractères grecs des *Offices* sont gravés et même
très-grossièrement ; pour le Lactance ils sont
fondus, c'est-à-dire mobiles. Enfin le Lactance
est daté de l'antépénultième jour d'octobre, et
tout porte à croire que le livre des *Offices* a été
publié dans la première moitié de l'année 1465.
La plupart des exemplaires connus de ce livre
précieux sont sur vélin ; il y en a au moins 29 :
on en connaît fort peu sur papier, et pourtant
ils sont moins chers que les premiers.

Ce livre célèbre a de tout temps éveillé l'at-
tention des bibliographes, et les quelques dif-
férences que l'on peut remarquer entre plusieurs exemplaires ont motivé des recherches
ingénieuses, trop ingénieuses, sans doute, car
elles tombent dans la minutie : qu'ils aient ou
qu'ils n'aient pas les écussons de Scheffer tirés
en rouge, que telle souscription manque dans
un exemplaire et se trouve dans un autre, que

---

[1] Maittaire ; *Ann. typogr.*

dans celui-ci on lise *Prefatio* et dans celui-là
Prefacio, que presque tous aient les pontuseaux
perpendiculaires, c'est-à-dire soient in-fol., mais
que quelques-uns les aient en travers, c'est-à-
dire soient in-4°, etc., qu'est-ce que cela prouve?
Uniquement, ainsi que l'a fort bien dit M. Brunet, qu'il y eut un nombre successif de tirages,
quatre ou cinq peut-être, de différentes feuilles
d'une seule et même édition, tirages motivés par
des corrections répétées, et non pas quatre
éditions différentes, comme de Bure, dans la
Bibliographie instructive, cherche à le prouver
par de longues et peu intéressantes recherches.

C'est aussi dans ce livre, au dernier feuillet,
que se trouvent imprimés, pour la première fois,
des vers d'Horace, la septième ode du livre IV :

Diffugere nives; redeunt jam gramina campis
Arboribusque comæ.

C'est encore là, pour la première fois, que le
nom de Plutarque paraît; Scheffer reproduit en
latin cette apostrophe du rhéteur Apollonius, rap-
portée en grec par le célèbre polygraphe : « *Te
nempe, Cicero, et laudo et admiror; sed Græco-
rum fortunæ me miseret, cum videam eruditionem
et eloquentiam, quæ sola bonorum nobis relicta
erat, per te Romam accessisse.* »

Les *Paradoxa*, qui sont imprimés ici pour la première fois avec le *de Officiis*, furent réimprimés séparément à Rome, avec *Lælius* et *Cato Major*, chez Sweynheym et Pannartz, 1469, gr. in-4°.

Ce livre à jamais célèbre, *de Officiis*, quelquefois aussi nommé *Ethica*, était tiré des philosophes grecs Panætius et Hécaton ; mais il se développa et fut si complétement défiguré sous la plume éloquente du maitre romain, que l'on peut hardiment le présenter comme le *Corpus præceptorum juris naturalis et moralis disciplinæ* le plus parfait et le plus sublime qui ait été jamais conçu par le génie de l'homme.

De tous les écrits de Cicéron, c'est certainement celui qui resta à toutes les époques le plus populaire et le plus cultivé. Sur le plus grand nombre des manuscrits que l'on en rencontre, on retrouve ces deux vers :

Excellunt libros cunctorum philosophorum
Isti quos fecit tres Tullius Officiorum [1].

D'après une note autographe de Pétrarque, qui se voit sur un précieux manuscrit de la *Laurentiana* [2], note que cite Bandini (Cat. Bibl.

---

[1] Maittaire, *Ann. typogr.*

[2] Ce manuscrit, que l'on croit du douzième siècle, est enrichi de commentaires de la main de Pétrarque, qui sont d'une grande importance ; reconnaissables au caractère de l'écriture, ces notes le sont aussi

Laurent., t. III, p. 93), ces deux vers seraient de l'un des plus illustres admirateurs de Cicéron, de saint Augustin.

La plupart des manuscrits de ce beau livre que l'on voit figurer dans les ventes sont du quinzième siècle, presque tous les autres du quatorzième. En tête de quelques-unes des innombrables éditions qui en ont été données dans le seizième siècle, il n'est pas rare de rencontrer une note ainsi conçue : « La révision de ce texte a été faite sur 12, sur 14, et même sur 22 manuscrits anciens. » L'excellente édition in-4°, imprimée chez Didot en 1796, et tirée à 171 exemplaires, a été revisée sur plus de 40 manuscrits, du moins si nous pouvons ajouter foi à une lettre autographe du savant bibliothécaire de Bruxelles, la Serna Santander.

De Finibus bonorum et malorum libri V, ad

au genre d'orthographe tout particulier adopté par l'illustre poëte : en effet, il ne s'astreint nullement à suivre les règles grammaticales : il écrit *michi* pour *mihi, utillitas, conparare, secondus, filosofus.* Son écriture est extrêmement capricieuse : ce sont tantôt des grandes lettres, tantôt des minuscules ; souvent les caractères sont droits et carrés, souvent inclinés et allongés. Le manuscrit dont il est ici question avait fait partie de sa bibliothèque particulière ; il est décrit dans le catalogue que Jac.-Ph. Thomassin en donna dans son *Petrarcha redivivus.* Il est de plus chargé de notes et de scolies d'une autre main, que tous les savants s'accordent à reconnaître pour celle de Boccace, l'ami particulier de Pétrarque, et tout porte à croire que l'illustre auteur du *Décaméron*, sachant l'ardeur que mettait son rival de gloire à la recherche des trésors de l'antiquité littéraire, lui fit hommage de cet incomparable manuscrit.

M. Brutum. La plus ancienne édition connue
est imprimée sans indication de lieu ni de date,
mais avec les caractères d'Ulrich Zell, de Cologne;
elle doit avoir paru vers 1469 ; c'est un in-4°
de 119 feuillets, 27 lignes à la page. De Bure
avait d'abord attribué avec autorité cette édition
aux premiers imprimeurs de Mayence : il est
revenu sur cette erreur grossière dans son catalogue du duc de la Vallière.

De Legibus. M. Brunet cite de ce traité une
très-ancienne édition in-fol., sans indication de
lieu ni de date, mais imprimée en caractères romains, qu'il a trouvée dans le catalogue du
docteur Askew, dont l'exemplaire, annoncé
comme édition princeps, mais sans aucune
description, a été vendu 12 livres 12 schellings.
M. Graesse croit que cette édition, comprenant les
Officia, les *Paradoxa,* le *de Amicitia,* etc., fut
imprimée à Venise vers 1472 ; il la décrit comme
composée de 144 feuillets ; le traité *de Legibus*
a 31 feuillets à 36 lignes. M. Brunet, à cause de
la conformité de certaines lettres, l'*a* et le *g*,
ainsi que de l'abréviation du mot *que,* le croit
sorti des mêmes presses que la première édition
d'*Horace,* dont on ne connaît pas l'imprimeur,
à moins que l'on ne veuille admettre la présomption de Hain, qui l'attribue à Franç. Renner
de Hailbrunn, à Venise.

Ce fut en Allemagne que le Pogge trouva les
manuscrits de ces deux derniers traités ; il les
rapporta en Italie, les transcrivit et probablement présida à leur impression. Il est donc à
croire que l'édition du docteur Askew était d'origine milanaise ou vénitienne, à moins cependant
que ce ne fût un simple fragment d'une des
premières éditions des *Opera philosophica,* ce
qui s'est rencontré plus d'une fois et a presque
toujours induit les bibliographes en erreur.

Le plus ancien manuscrit connu du traité *de
Legibus* se trouve à la bibliothèque Saint-Marc
à Venise où il est inscrit sous le numéro CVIII :
ce précieux codex est du huitième, peut-être
même du septième siècle. Il porte sur le premier
feuillet cette note : *Werinharius episc. dedit
sanctæ Mariæ.* Il fut transcrit au commencement
du quatorzième siècle, pour les frères mineurs
de Florence, par Henricus de Circulis, et cette
transcription servit de type à tous les manuscrits
qui, aux quatorzième et quinzième siècles, furent
répandus à profusion dans toute l'Italie.

De Natura deorum (lib. III); *de Divinatione*
(lib. II) ; *de Fato ; de Legibus ; Academicæ
quæstiones, liber ad Hortensium ; de Disciplina
militari et M. T. Ciceronis vita, ex dictis Plutarchi breviter excerpta.* Cette édition fut imprimée à Venise par Vendelin de Spire en 1471 :

c'est un in-4° de 186 feuillets à 34 lignes (les feuillets 151 et 152 sont blancs). Ce fut sur des manuscrits retrouvés et transcrits par Nicolas Niccoli qu'elle fut exécutée par l'imprimeur allemand, sous la direction de Raphael Jovenzonius, et non pas, comme on aurait pu le supposer, d'après l'édition collective des *Opera philosophica*, imprimée à Rome la même année.

Remarquons que le traité de *Disciplina militari*, compris par Niccoli dans les œuvres de Cicéron, est très-probablement de Modestus ; il fut publié séparément à Paris en 1541 et attribué à Cicéron, *vulgo Ciceroni adscriptus*.

Tusculanarum quæstionum libri V, ad M. Brutum. Ce traité a été imprimé pour la première fois à Rome, chez Ulrich Han de Wienna [1], en 1469, in-4 (69 feuillets à 35 lignes). Les bibliographes sont divisés au sujet de ce livre : les uns (Laire et le Père Audiffredi) prétendent qu'il forme la dernière partie d'un plus ample recueil, contenant les *Paradoxa, Lælius, Cato* et le *Somnium Ciceronis*, imprimé par Ulrich Han ; mais tous les autres, Panzer, Maittaire, Lichtenberger, etc., soutiennent qu'il a été imprimé seul.

En 1475, Fr. Philelphus expliquait et com-

---

[1] *Udalricus Han, latine Gallus* ou le Coq, *natione Germanus ex Ingelstadt, civis Wiennensis*. Panzer, tom. I, p. 56.

mentait les *Tusculanes* dans des cours publics à Rome, qui avaient un grand retentissement, et ce fut lui qui rappela le premier que Cicéron composa cet ouvrage alors que César, devenu maître de Rome, laissait à l'orateur tous les loisirs nécessaires pour s'appliquer exclusivement au culte de la philosophie et des belles-lettres ; et celui-ci, réunissant dans sa maison tous ses doctes amis, leur récitait ou plutôt leur dictait ces admirables entretiens, qu'il improvisait familièrement en quelque sorte, *ut quemdam ludum litterarium*.

De Amicitia; de Senectute ; Paradoxa; Somnium Scipionis. In-fol. goth. de 33 feuillets à 32 lignes; première édition fort rare des deux premiers traités publiés séparément. Dibdin (Bibl. Spencer. vol. I, p. 375) la croit avec raison sortie des presses d'Ulrich Zell à Cologne. M. Brunet fait remarquer que la première page n'a que 30 lignes.

Le *de Senectute* fut encore imprimé deux fois séparément chez Ulrich Zell ; les deux éditions ont 24 feuillets, et sont imprimées en caractère gothique, sans aucune marque ni indication ; l'une a 26 lignes, l'autre 27 à la page (Hain, 5306, 5307); ces éditions sont peut être les premières de ce traité : maintenant, des deux quelle est la première ? qui le sait et qu'importe ?

7

Le *de Amicitia* et le *de Senectute* [1], on le sait, avaient été composés pour Atticus et à son instante requête :

O Attice, tu rogasti me, ut tractarem de Amicitia.

Sur un manuscrit du premier de ces traités, écrit au quatorzième siècle, et conservé à la Bibliothèque de Vienne, se trouvent en tête les sept vers suivants, qui sont peu connus, et que quelques savants attribuent à Cicéron lui-même :

Quænam summa boni? quæ mens sibi conscia recti.
Pernicies hominis quæ maxima? solus homo alter.
Quis dives? qui nil cupiet. Quis pauper? avarus.
Quæ dos matronæ pulcherrima? vita pudica.
Quæ casta? de qua mentiri fama veretur.
Quid sapientis opus? quum possit, nolle nocere.
Quid stulti proprium? non posse et velle nocere [2].

---

[1] C'est de ce traité que Montaigne, dans sa vieille langue, si pittoresque et si imagée, dit : « *Il donne l'appétit de vieillir.* »

[2] L'ami excellent qui a bien voulu enrichir notre pauvre volume d'une préface, qui vaut mieux que tout le livre, le traducteur d'Horace, J. Janin, a essayé de faire passer dans notre langue rebelle la précision énergique et élégante à la fois de ces vers presque intraduisibles :

> Quel est donc le vrai bien ? — C'est l'absence du mal.
> Le danger ? — L'homme à l'homme est un être fatal.
> Le riche ? — Un sans désir. — Le pauvre ? — C'est l'avare.
> La plus belle ? — Avec soin de sa vertu se pare.
> La chaste ? — A nos respects vous la reconnaissez.
> Le sage ? — A grand pitié des pauvres insensés.
> Et l'idiot ? — Pour achever mon dire,
> L'idiot est celui qui veut et ne peut nuire.

Nous trouvons dans le bibliographe allemand Hain, au milieu des volumineux, mais intéressants détails qu'il consacre à décrire les innombrables éditions des *Opera philosophica*, le livre suivant : *de Officiis*, DE REPUBLICA, *de Legibus et de Fato — absque notâ* (Rome, Ulrich Han). Nous sommes obligé de reconnaître en toute humilité que nous ne connaissons ce livre en aucune façon. M. Graesse, qui cite à peu près toutes les éditions du *de Officiis*, jusqu'aux plus insignifiantes (et c'est là l'un de ses plus graves défauts), n'en parle pas ; nous l'avons cherché vainement dans Panzer, dans Maittaire, et dans le père Audiffredi.

Quoi qu'il en soit, et si cette édition mystérieuse a réellement passé sous les yeux de Hain, ce ne sont que les quelques fragments de *la République*, répandus dans les différents ouvrages de Cicéron ; fragments qu'en 1807 Bernardi réunit et publia à Paris, traduits en français, dans son livre *sur l'Origine et les progrès des sciences, des arts et du luxe chez les Romains*, 3 vol. in-8.

DE REPUBLICA *quæ supersunt, edente Angelo Maio*. Romæ, Bourlié, 1822, in-8, avec un portrait, une planche et le fac-simile du manuscrit.

C'est la première édition de ces précieux et admirables fragments, la plus belle découverte de l'illustre cardinal Maï. Depuis les temps les plus reculés [1], on regardait comme perdu cet admirable traité, à l'exception du *Somnium Scipionis*, qui en est le dernier livre, et de quelques fragments reproduits çà et là dans les autres ouvrages de Cicéron. Un noble Polonais, Woinowski (peut-être peut-on traduire ainsi son nom latin, Woinuskus), avait trouvé, en 1581, dit Lomeier dans son curieux traité des Bibliothèques, un grand nombre d'antiques et précieux manuscrits dans un couvent de Valachie, et parmi eux brillait un splendide *codex* du traité *de Republica, ad Atticum*, écrit en lettres d'or [2]. (C'est ce même Polonais qui, dit-on, retrouva le tombeau d'Ovide.) Lomeier ne dit pas ce qu'il advint de cette découverte; mais nous savons d'autre part que Jean Sturmius, à qui l'offre de ce manuscrit fut faite, probablement par ledit Woinowski ou Woinocki, communiqua à l'illustre cardinal Polus la proposition qu'on lui faisait : le cardinal envoya en Pologne et en Valachie un émissaire, qui trouva le moyen de dépenser, dit-on, 2,000

---

[1] N'oublions pas cependant qu'au dixième siècle nous le voyons figurer dans le catal. de la librairie de l'abbaye de Fleuri.

[2] *Anno* 1581, *Woinuskus quidam nobilis in comitatu legati Polonorum, penitiora Muscoviæ et Podoliæ lustrans, in Walachiæ Bibliotheca, multa atque egregia scripta invenit : inter alia libros Ciceronis, de Republica ad Atticum, aureis litteris exaratos.* (Lomeier, de Biblioth., p. 222.)

écus d'or en recherches qui demeurèrent infruc-
tueuses. Malgré l'autorité des auteurs qui nous
garantissent le fait, nous ne pouvons guère admettre un chiffre aussi formidable : mais le fait
des recherches exécutées par l'ordre du cardinal
et de leur résultat négatif est incontestable.

Le cardinal Maï pense que le manuscrit qu'il a
trouvé ne doit former à peu près que le quart
du texte entier. Les plus grandes lacunes se
trouvent dans le quatrième et le cinquième livre,
on chercha à combler ces vides à l'aide des fragments dont nous venons de parler, et le *Somnium
Scipionis* forma le dernier livre presque tout
entier.

Le palimpseste sur lequel le cardinal fit sa
belle découverte était un commentaire·de saint
Augustin sur les Psaumes, du neuvième siècle
environ. Il appartenait jadis au monastère de
Saint-Palombano de Bobbio, et fut réuni à la Vaticane au dix-septième siècle, avant le pontificat
de Paul V ; les précieux fragments que recou-
vrait ce commentaire ont paru au cardinal être
du quatrième siècle, c'est-à-dire de la fin des
derniers Césars.

La découverte du docte cardinal fit un immense bruit dans le monde savant ; les éditions se
succédèrent rapidement : celle que publièrent
Moser et Fr. Creuzer à Francfort en 1826, in-8,

passe pour être la plus exacte. Les traducteurs et les commentateurs se mirent à l'œuvre; parmi les premiers, nous ne devons pas oublier M. Villemain, qui publia la première traduction française, Paris, 1822-23, 2 vol. in-8

Nous avons oublié, à propos de ce traité, de citer une anecdote que rapporte Merryweather; elle trouvera sa place ici. Un certain William Sellings, élu prieur de l'abbaye de Canterbury en 1472, sous le règne sanglant d'Édouard IV, fut obligé de quitter l'Angleterre, à la suite des terribles réactions qui marquèrent chacune des phases principales de la guerre des *Deux Roses;* c'était un homme singulièrement lettré et éclairé pour son époque : il se réfugia d'abord à la cour du vieux duc René d'Anjou, le prince troubadour; puis de là il alla visiter l'Italie et fouiller les librairies de ses principaux monastères : il y trouva un manuscrit *de Republica*, peut-être celui-là même que Pétrarque avait vu. Quand il put rentrer en Angleterre, il y rapporta, avec un soin religieux, le précieux *codex*. A peine rentré au sein de son abbaye, le prieur s'empressa de livrer son trésor aux scribes les plus éclairés de sa librairie, quand, par malheur! *habent quoque sua fata codices!* un incendie détruisit à la fois et l'original et la copie, et presque toute la riche bibliothèque du couvent.

C'est ici le moment de parler d'un livre qui causa une rumeur immense lors de sa première apparition, à Venise, en 1583 : ce n'était rien moins que le traité à jamais regrettable *de Consolatione*.

M. Tullii. Ciceronis. Consolationis. Liber. quo. se. ipsum. de filiæ morte. consolatus. est. nunc. primum. repertus. et. in. lucem. editus. (a Francesco Vianello Veneto). Venetiis, apud Hieron. Palum, 1583. Très-petit in-8.

Jugez, même à notre époque de décadence littéraire, quel coup de tonnerre produirait l'annonce de l'apparition soudaine d'une *décade* de Tite-Live, ou le bruit de la découverte d'un livre des *Annales*, dont Montaigne a pu dire : « C'est plutôt un jugement, que déduction d'histoire. »

Réimprimé tout aussitôt dans toutes les villes savantes, dans toutes les universités, à Paris, à Strasbourg, à Francfort, à Leyde, etc., commenté la même année par Ant. Riccóboni [1], ce livre occasionna une émotion extraordinaire dans la république des lettres. L'année suivante il est aussitôt traduit en français : « *Excellent opuscule de Marc Tulle Cicero, par lequel il se console soy mesme sur la mort de sa fille Tullia,*

____

[1] Judicium Ant. Riccoboni de Consolationis libro. Patavii, Iac. Bozaz, 1583, in-12.

rempli d'une infinité de belles sentences confir-
mées par histoires et exemples de grands et si-
gnalés personnages tant grecs que latins ; na-
guère trouvé et mis en lumière; » *traduit du latin*
en françois par Benoist du Troncy, controlleur
du domaine du Roy et secrétaire de la ville de
Lyon. Lyon, B. Rigaud, 1584, pet. in-8. Mais,
hélas! bien vite aussi fut découverte la super-
cherie, et Carolus Sigonius fut signalé de toutes
parts et anathématisé comme l'auteur ingénieux
de ce très-habile mais coupable pastiche.

Ce même Sigonius, qui heureusement ne se
livrait pas toujours à ces audacieuses plaisante-
ries, avait publié à Venise, en 1559, un excellent livre, qui fut bien souvent depuis mis à
contribution. Il était intitulé :

Ciceronis fragmenta variis in locis dispersa
Caroli Sigonii diligentia collecta et scholiis illus-
trata. — Venetiis, Jord. Zilettus, 1559, in-8.

N'oublions pas de mentionner le *Cicero novus*
du savant Léonard Arétin (ou d'Arezzo), *cui ac-*
cessit Ciceronis vita, cum præfatione ad Nico-
laum Niccolum. Ce livre, dont il existe plusieurs
manuscrits dans les bibliothèques d'Italie, a été
traduit en 1804, et cette traduction a été imprimée par le célèbre Bodoni. Nigrius affirme qu'elle
a été publiée en latin, sur le manuscrit original
qui existe à la Laurentiana, mais il ne cite ni le

nóm de l'éditeur, ni le lieu, ni l'année de l'impression [1].

Citons encore l'*Orpheus*, *sive de adolescente studioso, ad Marcum filium, nuper inventus et in lucem editus*. — *Venetiis*, ap. J.-B. Ciottium, 1594, in-8. Cet ouvrage supposé avait été composé au quatorzième siècle; le nom de l'auteur est perdu. Il fut réimprimé en 1643 par les soins de J. César Glucianus Squarcia, et à Florence en 1831, à 96 exemplaires, sous la direc·tion du regrettable bibliophile Étienne Audin, l'ancien bibliothécaire du comte Boutourlin.

Des innombrables commentateurs de Cicéron, à tous les âges, en toutes les langues, nous n'avons pas à parler : un volume ne suffirait pas à relever la nomenclature détaillée des extraits, et des sentences, et des pensées, et des discours choisis, et des apophthegmes, imprimés ou respectueusement conservés inédits dans les dépôts publics; des biographies, et des éloges, et des critiques, auxquels tant d'hommes éminents, depuis Plutarque et Boëce jusqu'à Middleton, depuis Asconius Pedianus et G. Valla, l'ennemi du Pogge, depuis A. Theod. Macrobius et Victorinus, jusqu'à M. Désiré Nisard, ont consacré leurs veilles et leurs recherches.

____

[1] Voy. l'appendice à la *Biblioth. Laurent. Ciceronis opera rhetorica.*

Nous ne pouvons pas non plus nous étendre sur les innombrables traductions qui en ont été faites dans toutes les langues. Pour les traductions françaises, nous renverrons le lecteur à l'excellent travail de MM. Breghot du Lut et A. Péricaud ; ce morceau, aussi intéressant que complet, est placé à la fin du premier volume des œuvres de Cicéron (trad. Victor Le Clerc), édition de Lefèvre, Paris, 1821-25, 3o vol. in-8 ; pour les traductions allemandes, à la *Bibliotheca scriptorum classicorum*, le savant ouvrage d'Engelmann, p. 437 et suivantes.

Mais, si quelques bons philologues ont souvent cherché et parfois réussi à faire passer de la langue morte dans leur propre idiome la pureté, l'atticisme, l'extrême élégance et l'ampleur magistrale du plus grand écrivain de l'antiquité latine [1], il en est d'autres dont la bizarrerie, disons le mot, l'extravagance, mérite une mention à coup sûr peu honorable.

Que dites-vous, par exemple, d'un sieur Thomas Guyot, dit le Bachelier, qui publia en 1666, à Paris, une version *des plus belles lettres de Cicéron à ses amis ?* Et voici comment il s'y prend

---

[1] Nous pourrions citer ici bien des noms illustres : Michel de Tours, Étienne Dolet, le président Bouhier, l'abbé d'Olivet, tous les savants collaborateurs de M. Victor Le Clerc, et surtout M. Victor Le Clerc lui-même.

pour traduire la seconde lettre du livre IV, adressée à Servius Sulpicius :

Voici le texte : *A. D. III. Kal. Maias, quum essem in Cumano accepi tuas litteras... postquam eas legi, Postumia tua me convenit et Servius noster. His placuit ut tu in Cumanum venires, quod etiam mecum ut ad te scriberem egerunt.*

Et voici la traduction :

Monsieur,

« J'ai reçu vostre lettre le vingt-neufviesme d'avril, lorsque j'estois au Cumin... Après l'avoir lue, madame vostre femme m'ayant fait l'honneur de me venir voir avec monsieur vostre filz, ils ont jugé à propos que vous prissiez la peine de venir ici, et m'ont obligé à vous en escrire..... »

Et tout est de cette force ; voilà ce qu'on nous permettra d'appeler un bel habit à la française ! Mais heureusement tous les traducteurs du grand Romain n'ont pas cette grâce polie, ce galant achevé, et le père de l'éloquence latine ne s'est pas vu toujours affublé de cette façon aimable. Perrot d'Ablancourt, et même Patru, le bel esprit, l'avocat illustre, ont cependant bien de la galanterie et une certaine façon de franciser la République romaine, qui ne rappellent que trop le faire de ce brave bachelier Guyot.

Il est vrai qu'à cette même époque, au grand siècle, et jusque vers le milieu du siècle suivant, le vieil Horace et Brutus et Cinna paradaient sur la grande scène des comédiens ordinaires de Sa Majesté, en perruques à trois marteaux, la veste brodée et l'épée en *verrouil*, ni plus ni moins que les courtisans de l'OEil-de-Bœuf. Les traducteurs suivaient le mouvement ; voilà tout.

Et maintenant, si l'on nous reproche d'avoir donné autant d'extension à un simple aperçu bibliographique, nous répondrons, sous forme d'humble excuse, que ceci n'est qu'un fragment trop long et un peu confus, si l'on veut, d'un pénible travail sur la conservation et sur la transmission d'âge en âge des manuscrits classiques grecs et latins, travail qui est bien loin d'être terminé et que, peut-être, nous ne pourrons jamais conduire à bonne fin : car « *on ne fait pas un livre comme un poudding,* » écrit Gibbon, pour s'excuser du retard qu'il apporte à la publication de son immortelle *History of the decline and fall of the Roman Empire.*

APPENDICE.

—

De l'immense ouvrage des savants et révérends pères
D. Bernard de Montfaucon et D. Jean Le Maistre, de
ce catalogue universel[1] comprenant et décrivant une
véritable forêt de bibliothèques (c'est l'expression pittoresque des auteurs contemporains), nous avons extrait avec soin tous les manuscrits cicéroniens, existant
en Europe, au temps de ces illustres bénédictins. Ce
long travail nous a paru devoir être le complément
naturel et indispensable de celui qui précède. Nous
avons cependant cru devoir donner la préférence au
grand catalogue de Bandini[2], pour tout ce qui re-
garde les manuscrits de la célèbre bibliothèque des
Médicis à Florence. D'abord ce catalogue est de près
de quarante ans postérieur à celui de Montfaucon et de
plus il est plus développé, plus clair et offre d'incontestables garanties d'exactitude.

[1] Bibliotheca Bibliothecarum manuscriptorum nova. Paris, Briasson,
1739, 2 vol. in-fol. à 2 col.

[2] Catalogus codicum latinorum bibliothecæ Mediceæ Laurentianæ. Aug.
Mar. Bandinius edidit. Florentiæ, 1774, 5 vol. in-fol.

ITALIE.

Rome. — *Bibliothèque Vaticane.*

1° Fonds de la reine Christine de Suède.

— De Inventione et de Rhetorica liber primus.
— Ciceronis διαίρεσις (græce).
— Scipionis junioris somnium, scriptum a Cicerone, expositum a Macrobio, in græcam linguam versum a Maximo Planude.
— Tusculanæ Quæstiones.
— Sallustii Historia cum oratione Ciceronis in Sallustium et Sallustii in Ciceronem.
— Sallustii Historia cum invectiva Ciceronis in Catilinam, Catilinæ in Ciceronem.
— M. T. Ciceronis Opera varia (sæc. XIV).
— Versus Ciceronis de Signis.
— M. T. Ciceronis Opera.
— Cicero de Arte memoriæ (græce).
— Ciceronis Synonyma.
— Rhetorica cum commentariis.
— Ciceronis Synonymum ad Vitalium.
— Epitaphium Ciceronis Neapoli sepulti.
— Deflorationes ex Sallustio, Cicerone, Terentio, Juvenale et Persio.
— Cicero de Amicitia.
— De Senectute.
— Exemplaria tusculanarum Quæstionum.

— De Senectute, de Amicitia et Paradoxa.

— Opera rhetorica.

— Ejusd. tusculanæ Quæstiones

— De Amicitia.

— Ejusd. Opera quædam.

— Balthasaris Commentaria in Ciceronis Paradoxa ad Antonellum de Aversa, consiliarium regis Ferdinandi.

— Cicero de Officiis.

— Ejusd. alia Opera.

— Epistolæ familiares (3 mss.).

— Tusculanæ Quæstiones.

— Ejusd. Epistolæ.

— Opera rhetorica.

— De Officiis.

— Incerti expositio in Tusculanas Ciceronis.

— Ciceronis Epistolæ.

— Alia ejusd. Opera.

— Orationes (2 mss.)

— Severinus Boëtius in Topicam (*sic*) Ciceronis.

— Cicero ad Herennium.

— Victorinus in Ciceronis Rhetoricam.

— Rhetorica (3 mss.)

— De Inventione rhetoricæ.

— Orationes aliquot.

— De Amicitia.

— Orationes quædam.

— De Officiis.

— Marsilii Annotationes in Ciceronis orationem pro lege Manilia.

— Item in Somnium Scipionis et alios veteres auctores latinos.

— Ciceronis de Amicitia quædam. Macrobius in Somnium Scipionis.

— De Synonymis et orationes in Sallustium.

— Luciani Dialogus et Ciceronis in Somnium Scipionis.

— De Differentia verborum.

— Ciceronis Synonyma.

— Somnium Scipionis.

— Topica.

— Ciceronis quædam.

— Sallustii Oratio in Ciceronem.

— Plutarchus de Vita Ciceronis.

2° Fonds Alex. Petau [1].

— De Phænomenis Arati Ciceronis et Prisciani versus (2 mss.).

— Ciceronis Orationes (5 mss.)

— De Officiis (11 mss.)

— Somnium Scipionis (5 mss.)

— Victorinus in Rhetoricam.

— Partitiones (2 mss.)

— De Finibus (2 mss.)

— Topica (7 mss.)

— Rhetorica (5 mss.).

[1] Presque tous les manuscrits de ce savant célèbre avaient été achetés par la reine de Suède, qui les fit transporter à Rome.

— Ars nova.

— Ars vetus.

— De Oratore (2 mss.).

— Orator.

— Præfatio in Orationes Demosthenis et Æschinis.

— Brutus (2 mss.)

— De Divinatione.

— Paradoxa (5 mss.)

— De Natura deorum.

— Lucullus.

— De Legibus (3 mss.)

— De Amicitia (6 mss.)

— De Senectute (6 mss.)

— Synonyma (3 mss.)

— Tusculanæ Quæstiones (2 mss.)

— Ad Herennium (2 mss.)

— Differentiarum liber.

— Oratio in Sallustium

— De Inventione rhetorica (2 mss.)

— Epistolæ (2 mss.)

— De Arte memoriæ (græce).

— In Rhetoricam Ciceronis adnotationes (2 mss.)

Parmi les autres bibliothèques existant à Rome,
dont le dépouillement a été fait et imprimé par le père
Montfaucon, nous ne trouvons aucun manuscrit de
Cicéron aux archives de la bibliothèque de Saint-Pierre,
à la bibliothèque de Saint-Isidore, à la bibliothèque
du palais Barberini, chez les cardinaux Imperiali et
Altieri ; mais nous relevons à la bibliothèque Slusiana :

— Ciceronis opera fere omnia , tomi **VI** in-fol. Caractère élégant.

— Cicero de Officiis.

— Rhetorica ; — de Legibus.

Chez le cardinal Ottoboni.

— M. T. Ciceronis de Natura deorum (2 mss. du XVe siècle).

— Orationes.

Chez les pères de Saint-Basile, à Saint-Jean de Latran, à l'hospice des Bénédictins , à la bibliothèque du château Saint-Ange, etc., rien.

NAPLES.

Bibliotheca Olivetanorum.

— M. T. Ciceronis de Oratore, codex recens membranaceus.

— Ejusd. orationes, codex membr. **XV** sæc.

— Ejusd. Rhetorica, et Orator ad Herennium cum notis marginalibus, codex **XIV** sæc. membranaceus.

— De Natura deorum.

— Partitiones oratoriæ.

— M. T. Ciceronis codices bene multi, de Oratore (2) ; Orationum (2) ; ad Herennium (1) ; recentes.

— Ejusd. de Officiis, Paradoxa, de Amicitia, de Senectute, codex **XIII** sæc.

— Ejusd. de Inventione, codex **XII** sæculi.

— Ejusd. de Legibus, Academicæ Quæstiones, Partitiones oratoriæ.

Bibliothèque du monastère de Saint-Séverin.

— M. T. Ciceronis de Divinatione et somniis a Marino Tomacello liber conscriptus XV sæculo.
— Ejusdem de Oratore.

Bibliothèque du Mont-Cassin.

— Orationes quædam Ciceronis, anno 1450 circiter scriptæ.
— T. Ciceronis oratio, 250 annorum.
— Secunda pars orationum M. T. Ciceronis.
— Orationes ejusdem.

FLORENCE.

Bibliotheca Laurentiana-Medicæa.

OPERA ORATORIA ET RHETORICA.

— M. T. Ciceronis varia et Orationes diversorum, ms. XV sæc. (de Re militari; de Essentia mundi, etc.)
— M. T. Orationes (37). — Codex chartaceus, sæc. XV.
— Eædem (37). — Codex membranaceus, sæc. XV
— Eæd. (38). — Cod. membran. sæc. XV.
— Eæd. (29). — Cod. membran. sæc. XV.
— Eæd. (27). — Cod. membran. sæc. XV.

— Eæd. (31). — Cod. membran. sæc. XV.

— Orationes in Verrem (7). — Cod. membr. sæc. XV.

— Oratio pro M. Marcello, prooemium ad interpretationem orationum duarum Demosthenis et Æschinis, et Rhetoricorum lib. IV. — Codex chartac. sæc. XIV, cum notulis et variantibus.

— Orationes in Catilinam. — Cod. membr. sæc. XIV.

— Philippicarum libri XIII. — Cod. chartaceus sæc. XIV. cum variis lectionibus.

— Orationes quædam (17); de Petitione consulatus ad Quintum fratrem. — Codex partim membr. partim chartac. sæc. XIV.

— Oratio pro M. Marcello, et aliæ. — Cod. sæc. XV, partim membr. partim chartac.

— Orationes quædam (36, dont une répétée). — Cod. membr. sæc. XV.

— Eædem (17). — Cod. membr. sæc. XV.

— Philippicæ et Orationes IV in Catilinam. — Codex membr. sæc. XV. On lit au dernier f. : « *Liber Poggii secretarii papæ.* » Ce manuscrit est tout entier écrit de la main de cet homme célèbre.

— Orationes quædam (11). — Cod. membr. sæc. XV.

— Orationes (36). — Codex membr. sæc. XV.

— Orationes (39). — Cod. membr. sæc. XIII. (163 ff. à 2 col.)

— Orationes (10). — Cod membr. sæc. XIV.

— Orationum in Verrem lib. VII. — Cod. membr., sæc. XV.

— Orationum in Verrem lib. VII. — Cod. membr. sæc. XV.

— Orationum in M. Antonium lib. XIII. — Cod. membr. sæc. XV. (incomplet.)

— Philippicarum lib. XIV. (*J. de Colle scripsit Florentiæ*). — Cod. membr. sæc. XV.

– Philippicarum lib. XIV (*Gherardus Cerasius* [1], *civis florentinus, scripsit anno D. M. CCCC. LVI. pro Joanne Cosmo de Medicis*). — Cod. membr. elegantissime et nitidissime exaratus.

— Philippicæ XIII (le copiste a réuni en une seule les 5ᵉ et 6ᵉ harangues). —Cod. membr. sæc. XV (on lit à la fin : *Iste liber Antonii Joannis de Medicis scriptus propria manu explicit. amen.*)

— M. T. C. Orationes (14). — Cod. chart. sæc XV.

— Orationes (18, dont *les Catilinaires*). — Cod. chart., sæc. XV.

— Orationes (4). — Cod. chart. sæc. XV.

— Orationes (13). — Cod. chart. sæc. XV.

— M. T. Ciceronis, seu potius Cornificii Rhetoricorum ad C. Herennium, lib. IV.— Cod. membr. sæc. XV.

— Topica ; Partitiones oratoriæ, dialogus Ciceronis cum Cicerone filio ; ejusd. de Petitione consulatus. — Cod. membr. sæc. XV.

— Rhetoricorum lib. IV. ad Herennium. — Cod. membr. sæc. XIII.

— Opera rhetorica, scilicet de Inventione lib. II ; — Rhetoricorum ad Herennium lib. IV ; —de Oratore lib. III ; — Orator ad Brutum ; — Brutus, sive de claris oratoribus liber ; — Partitiones oratoriæ ; —

―――――

[1] Et non pas Cesarius, ainsi que le nomme Montfaucon.

Topica ; — de Optimo genere oratorum. — Cod. chartac. sæc. XV.

— Philippicarum lib. XIII. — Cod. membr. sæc. XV.

— De Oratore ; — Brutus ; — Orator. — Cod. membr. sæc. XV.

— Orationes (32) cum indicibus. — Cod. membr. sæc. XV. 249 f. *ad usum fratris Sebastiani de Bucellis.*

— Orationes VII in C. Verrem ; — Philippicæ in M. Antonium orationes XIV. — Cod. membr. sæc. XV.

— De Oratore. — Cod. membr. sæc. XV.

— Orationes Philippicæ (XIII). — Cod. membr. sæc. XV.

— De Oratore. — Cod. membr. sæc. XV.

— De Inventione, ad Herennium, lib. IV. — Cod. membr. sæc. XV.

— Trois autres mss. des *Philippiques*, le premier sur papier, les deux autres sur vélin : tous trois du XVe siècle.

— M. T. Ciceronis de Inventione libri II, et alia opera rhetorica ; tum de Officiis lib. III. — Cod. membr. sæc. partim XIII, partim XV, binis columnis exaratus. 146 ff., in-fol. (manuscrit d'une grande importance, auquel Bandini ne consacre pas moins de 21 colonnes).

— M. T. C. Rhetoricorum ad Herennium lib. IV. Ejusd. Rhetoricorum veterum lib. II.—Cod. membr. sæc. XV.

— M. T. C. Rhetoricorum lib. IV ; — de Officiis lib. III ;

— Vita Ciceronis a Leon. Arretino conscripta. —
Cod. chartac. sæc. XV.

— Orator;—Brutus ac Asconii Pediani adnot. in aliquot Ciceronis orationes. Cod. membr. sæc. XV.

— M. T. C. Rhetoricorum seu de Inventione lib. II ;
— Cornificii Rhetoricorum ad Herennium lib. IV.
— Cod. membr. sæc. XIII.

— Rhetoricorum veterum lib. II; — Rhetoricorum ad
Herennium lib. VI. (Quartus in tres dividitur). —
Cod. membr. sæc. XV.

— Rhetoricorum veterum lib. II. — Cod. chartac.
sæc. XV.

— M. T. C. de Inventione seu Rhetoric. vet. lib. II ;
— Ejusd. Rhetoricorum ad Herennium lib. IV ; —
Ejusd. Topica ;—Boethii opusculum.—Cod. membr.
sæc. XII.

— Rhetoric. vet. lib. II. — Cod. membr. sæc. XV.

— Rhetoric. seu de Inventione lib. II. — Fabii Laurentii Marii Victorini [1] explanationum in libros Ciceronis de Inventione lib. II.

— Ciceronis Rhetoricorum contra Hermagoram, seu de
Inventione lib. II. — Cod. chartac. sæc. XV.

— De Oratore ad Quintum fratrem lib. III, Brutus et
Orator. *Romæ*. M. CCCC. LXIX, *in domo magnifici
viri Petri de Maximo*. Exemplaire couvert de notes
savantes, que l'on croit écrites de la main d'Ange Politien. 177 ff.

----

[1] Il est question de ce Victorinus dans Du Cange, Bibl. med. et inf.
Latinit., tom. VI, p. 310. Ses poésies ont été publiées par Basnage, à
Amsterdam, en 1725.

— M. T. C. veteris Rhetoricæ liber, seu potius de Inventione lib. II. — Ejusdem novæ Rhetoricæ liber. — Cod. membr. sæc. XII.

— Rhetoricorum lib. IV, ad Herennium ; — Ejusd. Rhetoricorum contra Hermagoram lib. II. — Cod. membr. sæc. XV. (Ms. fort riche d'ornementation.)

— Inventionum rhetoricæ lib. II ; — Enarrationes quædam supra Ciceronem. — Cod. membran. sæc. XIV.

— Brutus, seu de claris Oratoribus liber ; — Orator ad Brutum. — Cod. membran. sæc. XV.

— Orator ad Brutum ; — Brutus ; — Oratoriæ partitiones ; — Topica ad Trebatium. — Cod. membr. sæc. XV.

— M. T. C. Rhetoricorum lib. II ; — Ejusdem ad Herennium Rhetoricæ lib. VI. — Cod. membran. sæc. XI. 65 ff. in-4°.

— Orator ad Brutum ; — Leonardi Arretini Dialogus. — Cod. membr. sæc. XV.

— Orator ; — Brutus ; — Rhetoricorum contra Hermagoram lib. II ; — de Partitionibus; — Topica. — Cod. membr. sæc. XV (1461).

— Rhetoricorum veterum lib. II, seu de Inventione. — Cod. membr. sæc. XII.

— Orator ad Brutum; — Brutus. — Cod. membr. sæc. XV. — 109 ff. mss. d'une écriture et d'une exécution admirables.

— M. T. Ciceronis de Inventione lib. II ; — Ejusd. Rhetoricorum ad Herennium lib. VI ; — Boethii fragmentum. — Cod. membr. sæc. XIV. 142 ff.;

ce ms. contient un grand nombre de notes margi-
nales qui paraissent être de la main de Pétrarque.
— M. T. Ciceronis de Inventione lib. II, cum Marii
Victorini comment.; — de Officiis lib. III; —
Tusculanæ disput.; — de Natura deorum lib. III; —
Quintiliani Institut. oratoriæ. Cod. membran. sæc.
XIII. — 105 ff. à 2 col., avec de nombreuses an-
notations que l'on croit également de la main de
Pétrarque.
— Rhetoricorum ad C. Herennium lib. IV. — Cod.
membr. sæc. XV.
— De Inventione lib. II; — Rhetoric. ad Herennium
lib. IV. — Cod. membr. sæc. XIII.
— Fragmentum secundi libri de Inventione; — Tres
primi libri Rhetoric. ad Herennium, integri, et pars
quarti. — Cod. membr. sæc. XII.
— De Oratore lib. III; — Paradoxa; — Brutus; —
Orator. — Cod. membr. sæc. XV; à la fin de chacun de ces traités se trouve cette mention : *Scripsit
Poggius Martini papæ V secretarius. Valeas qui
legis*.
Le Pogge parle souvent dans ses lettres de ces trans-
criptions : *Scribo librum de Oratore, subripiens mihi
tempus vacuum, licet cum difficultate ; sed tamen in-
cepi, et perficiam. Deinde animus est scribere Brutum
et Oratorem.* (Epist. XLVIII). L'écriture du Pogge était
grande et belle, *grandiuscula accuratissimaque;* il
écrivait lentement avec le plus grand soin; aussi les
précieux mss. copiés de sa main peuvent-ils être pré-
sentés comme des modèles de calligraphie.

— De Oratore lib. III. — Cod. membr. daté de 1425.

— De Oratore lib. III; — fragmentum libri qui inscribitur : Orator ad Brutum ; — Topica ; — Partitiones oratoriæ ; — de Petitione consulatus. — Cod. membr. sæc. XIV.

— Rhetoricorum ad Herennium lib. IV. — Cod. chartac. sæc. XV.

— De Oratore lib. III. — Cod. membr. sæc. XV ineuntis.

— Orator ; — Brutus ; — De Partitione oratoria ; — Topica ad Trebatium. — Cod. membr. sæc. XV. A la fin on lit : *Franciscus Sassettus, Thomæ filius, florentinus civis, faciendum curavit. Sors placida mihi.* Les manuscrits transcrits pour cette famille sont ordinairement richement enluminés et remarquablement écrits : presque tous sont aujourd'hui réunis à la bibliothèque des Médicis. Celui que nous décrivons, composé de 165 ff., avec les armes des Sassetti en tête et de belles miniatures, est un superbe spécimen de l'art décoratif à cette époque.

— De Oratore lib. III. — Cod. chartac. sæc. XV.

— De Oratore ad Quintum fratrem lib. III ; — Brutus, seu de claris Oratoribus ; — Orator ad Brutum ; — Partitiones oratoriæ ; — Topica. — Cod. membr. sæc. XV. 297 ff.

— Rhetoricæ veteris lib. II. — Rhetoricorum novorum ad Herennium lib. IV. — Venetiis. Phil. Sec. Petri. 1479, in-4°. 96 ff. exempl. sur papier, couverts de notes et scolies d'une main inconnue : il provient de la bibliothèque de Saint-Marc.

— Rhetoricorum ad Herennium lib. IV. — Cod. partim membr. partim chartac. sæc. XIV, duplici manu perscriptus.

— Rhetoric. ad Herennium lib. IV. — Cod. chartac. sæc. XV.

— De Oratore lib. III. — Cod. membr. sæc. XV; aux armes des Sassetti et richement orné.

— De Inventione lib. II; — Rhetoric. ad Herennium lib. VI (quartus in tres dividitur). — Cod. membr. sæc. XII, avec des notes de la main de Pétrarque.

— De Inventione lib. II; — Enarrationes anonymæ in Ciceronis cap. XVII; — Rhetoricorum ad Herennium lib. IV. — Cod. membr. sæc XII.

— Rhetoricæ veteris lib. II; — Fabii Laurentii Marii Victorini explanationes librorum Ciceronis de Inventione; — Lælius, vel de Amicitia; — Cato major, sive de Senectute; — Controversia in Sallustium; — Invectiva Sallustii; — Invectivarum Ciceronis in Catilinam lib. IV; — Oratio pro Marcello; — Pro Ligario (imperfecta). — Cod. membr., sæc. XI. 120 ff. ms. d'une grande importance.

— De Oratore, ad Quintum fratrem lib. III. — Cod. partim chartaceus, partim membr. sæc. XV; couvert des annotations de Nicolo Niccoli.

— Leon. Arretini Cicero novus (sive Ciceronis Vita, cum præfat. ad Nicolaum Niccolum); — Crispi Sallustii oratio contra Ciceronem; — M. T. Ciceronis oratio contra Sallustium; — Invectiva contra Catilinam; — pro Marcello; — de suo reditu ad Quirites; — Orationes 22; — Sequitur in codice absque ullo ti-

tulo inquisitio artis in Ciceronis orationes XI, auct.
Ant. Lusco Vicentino. — Cod. chart., sæc XV.

— Leon. Arretini Cicero novus. — Cod. membr.
sæc. XV.

— Leon. Arretini Cicero novus. — Cod. membr.
sæc. XV.

— Epistola Petrarchæ ad Cretum grammat. de Ciceronis
libro, qui *Tusculanarum Quæstionum* dicitur, et de
illius viri laudibus.—Ad M.T.Ciceronem. Epist. duo:
« *Franciscus Ciceroni suo Sal. Epistolas tuas diu
multumque perquisitas, atque ubi minime rebar
inventas*, » etc. — Cod. membr. sæc. XV.

— Orationes Ciceronis (10); — Invectiva Sallustii in
Tullium. — Cod. membr. sæc. XIV.

— Liber de Synonymis. — Cod. membr. sæc. XV.

— Paradoxa ad Brutum. — Cod. chart. sæc. XV.

EPISTOLÆ.

— M. T. Ciceronis Epistolarum ad familiares, seu
potius ad diversos [1] lib. XVII. — Cod. membr.
sæc. XV.

— Eæd. Epistolæ. — Cod. membr. sæc. XV.

— Eæd. — Cod. membr. sæc. XV.

— Eæd. — Cod. membr. sæc. XIV.

— Eæd. — Cod. membr. sæc. XV, avec cette note :

---

[1] Titulus epistolarum ad familiares in egregiæ ac probatæ vetustatis
exemplari, de quo infra non adparet, sed ab eo ad quem missæ sunt
cognomen accipiunt, ut doctissimus P. Victorius ostendit in explicat.
suarum in Ciceronem castigationum.

Antonius Marius florentinus transcripsit III. Id. Nov. A. D. M. CCCC. XXXIII.

— Eæd. manu Franc. Petrarchæ exaratæ. — Cod. chartaceus, in-4°, sæc. XIV ineuntis. 266 ff. (Catal. Montfaucon, num. IX). Ce précieux ms., dont nous avons déjà parlé, fut apporté de Padoue à Florence par Nic. Niccoli, et réuni plus tard à la biblioth. des Médicis avec les autres mss. de ce philologue. Ang. Politien (*Miscell.* cap. XXV), et P. Victorius, (*Epist.* lib. VII, p. 165), parlent longuement de cet important codex.

— Eæd. Epistolæ familiares. — Cod. membr. sæc. XV.

— Eæd. — Cod. membr. sæc. XI, formæ quadratæ, 270 ff. (Catal. Montfaucon, n° VIII) : c'est de ce manuscrit, découvert par Pétrarque à Constance, que parlent longuement Blondus Flavius, Politien, Victorius, etc.

— Eæd. — Cod. chartac. sæc. XV.

— Eæd. — Cod. membr. sæc. XV.

— Eæd. — Cod membr. sæc. XV.

— Eæd. — Cod. chartac. A. D. M. CCCC. LXXVI. scriptus.

— Eæd. — Cod. membr. sæc. XIV.

— M. T. Epistolæ quædam. — (Les 6 premiers livres des *Epistolæ familiares* et une partie du 7°). — Cod. membr. sæc. XIV.

— Epistolæ quædam. — (15 liv. des *Epistolæ ad familiares*, et quelques autres).—Cod. chartac. sæc. XV.

— M.T. Epistolæ ad Atticum, manu Franc. Petrarchæ exaratæ. — Cod. chartac., in-4°, sæc. XIV. 225 ff.

P. Victorius (in *Epist.*, lib. 1.) raconte toutes les pérégrinations de ce précieux ms.

— Epistol. ad M. Brutum liber singularis; — ad Quintum fratrem lib. III;—Epistol. ad Atticum lib. XVI;
— Epistola unica ad Octavianum. — Cod. membr.
sæc. XV. P. Victorius déclare apocryphe cette
épître *ad Octavianum.*

— Significatio litterarum antiquarum et abbreviaturæ
antiquæ, quæ reperiuntur in epistolis Ciceronis ; —
Epist. M. T. C. selectæ ad Lentulum et alios ; —
Invectivæ Cic. contra Catilinam et Catilinæ contra
Cic. — et diversa. — Cod. chartac. sæc. XV.

— Epistolæ ad familiares. — Cod. membr. sæc. XV.

— Id. opus. — Cod. membr. sæc. XV.

— Id. opus. — Cod. membr. sæc. XV.

— M. T. C. Epistolæ quædam selectæ (num. LX) ;
Excerpta ex quatuor libris rhetoricorum Cornificii,
ut plerisque placet;— Et aliæ Epistolæ Leon. Arretini, Poggii, Nic. Niccoli, etc. — Cod. chartac.
sæc. XV.

— Epistolæ ad Atticum et ad alios. — Cod. chartac.
sæc. XV.

— Eædem. — Cod. membr. sæc. XV.

— Eæd. — Cod. membr. sæc. XV.

— Eæd. — Somnium Scipionis ; — Descriptio divinæ
legis ex libro tertio de Republica M. T. C.; — fragmenta libri de Legibus et libri Tullii qui dicitur Hortensius. — Cod. membr. sæc. XV. 229 ff.

— Epistol. ad. Atticum lib. XXI. — Cod. membr.
sæc. XV.

— Eæd. — Cod. membr. sæc. XV.

— Epist. selectæ Cic., Plinii, Arretini, etc.; — Aliæ
Epist. M. T. C. — Cod. chart. sæc. XV.

OPERA PHILOSOPHICA.

— De Finibus bonorum et malorum ad Brutum, lib. V;
— Tusculanarum quæstionum lib. V ; — ad Atticum
de Senectute liber, seu Cato major ; — Lælius, sive
de Amicitia, dialogus ad T. Pomponium Atticum ;
— Paradoxa ; — de Officiis ad Marcum filium lib. III.
— Cod. membr. sæc. XV.

— De Finibus bonorum et malorum lib. V. — Cod.
membr. sæc. XIII.

— De Legibus lib. III ; — de Academicis liber primus ;
— de Finibus bonorum et malorum. — Cod. membr.
sæc. XV.

— De Finibus bonorum et malorum lib. V ; — Ejusd.
fragmentum de Academicis quæstionibus ad T. Var-
ronem. — Cod. membr. sæc. XV.

— De Finibus bonorum et malorum lib. V. — Cod.
membr. sæc. XV. (ms. de Sassetti).

— Philosophicorum Ciceronis operum editio romana
anni 1471. — Imprimé sur papier avec miniatures
et initiales richement décorées, exempl. annoté
d'une main inconnue ; c'est l'édition originale.

— Tusculanarum disputationum lib. V. cum adnota-
tionibus et correct. in margine. — Cod. membr.
M. CCCC. VII.

— Quæstiones Tusculanæ. — Cod. membr. sæc. XV.

— Id. opus. — Cod. membr. sæc. XIV.

— Id. opus. — Cod. membr. sæc. XV.

— Id. opus. — Cod. membr. sæc. XV.

— Id. opus. — Cod. membr. sæc. XV. (ms. Sassetti).

— Lucullus, sive Academicarum quæstionum lib. secundus; — de Legibus lib. III. — Cod. membr. sæc. XV.

— De Officiis lib. III; — liber de Amicitia; — de Senectute; — Paradoxa. — Cod. chartac. sæc. XV.

— De Officiis lib. III.; — Paradoxa ad Marcum Brutum (ultimis deperditis foliis imperfecta). — Cod. membr. sæc. XII. 72 ff. Ms. des plus précieux, couvert de notes, 1° du copiste Philippus ser Ugolinus Peruzius notarius florent. ; 2° de l'illustre Boccace, et enfin de son fidèle ami, notre grand Pétrarque. Nous avons déjà parlé de cet incomparable ms. p. 92 et 93. Il est désigné dans le catal. de Montfaucon sous le n° XVIII.

— De Officiis lib. III. — Cod. memb. sæc. XIV.

— Id. opus. — Cod. membr. sæc. XV.

— Id. opus. — Id. sæc. XV.

— Id. opus. — Id. sæc. XIV.

— De Officiis lib. III; — Definitiones quædam virtutum ac vitiorum ex Augustino, Seneca, Cicerone, Zenone, etc. — Oratio Th. Baronis filii. — Cod. chart. sæc. XV.

— De Officiis lib. III. — Cod. chart. sæc. XV.

— Id. opus ; — de Amicitia. — Cod. membr. sæc. XII.

— De Officiis. — Cod. membr. sæc. XIII.

— Id. opus. — Cod. chartac. — *Petrus Bonamicus scripsit* A. D. M. CCCC. LV.

— M. T. C. de Amicitia, cum adnotat. perpetuis optimis. — Cod. membr. sæc. XII.

— De Amicitia (sine titulo) ; — de Senectute (item sine titulo) ; — Sallustii Oratio contra Ciceronem ; — M. T. C. responsio in Sallustium ; — Invectivarum lib. IV, in L. Catilinam ; — Orationes diversæ (8). — Cod. membr. sæc. XIV. On lit sur le premier f., cette note : *Iste liber est Juliani Petri de Medicis et amicorum ejus.*

— M. T. Ciceronis liber de vera Amicitia divisus in cap. XVIII ; — de Senectute liber ; — Paradoxa. — Cod. membr. sæc. XIV, cum variant. lectionibus in margine (Catal. Montfauc. LIV). En tête de ce beau manuscrit sont également écrits les sept vers de Cicéron que nous avons cités p. 98.

— De Amicitia ad Atticum ; — Paradoxa ad D. Brutum. — Cod. membr. sæc. XIV.

— De Amicitia ; — de Senectute ; — Paradoxa. — Cod. membr. sæc. XV.

— De Amicitia, cum glossis. — Cod. membr. sæc. XIV.

— Id. opus. — Cod. membr. sæc. XV.

— De Senectute ; — De Amicitia (absq. tit.) ; — Præfatio in Paradoxa et primum Paradoxon. — Cod. membr. sæc. XII.

— De Senectute ad T. Atticum liber ; — Paradoxa Stoicorum ; — Epist. M. Bruti ad M. Tullium ; — Fragmentum Orationis M. T. Ciceronis pro A. L. Ar-

9

chia poëta ; — Somnium P. Æmiliani Scipionis, ex
lib. VI. de Republ. ; — Fragmentum orationis pro
Deiotaro. — Cod. membr. sæc. XIII.

— Somnium Scipionis (absq. titulo); — Macrobii
Ambrosii Theodorii V. C. ex Cicerone in Somnium
Ciceronis commentariorum lib. II. — Cod. membr.
sæc. XII.

— De Somnio Scipionis ; — M. Bruti et aliorum Epistolæ LXX, e gr. in lat. tradnctæ a Rinuccio. — Cod.
membr. sæc. XV.

— Boetii comment. in Ciceronis Topica et Alani in
libros ad Herennium. — Cod. membr. sæc. XIV.

— De Somnio Scipionis Africani; — de Stoïcorum Paradoxis ad Brutum libellus. — Cod. chartac.
sæc. XV.

— Leon. Arretini opuscula varia ; — M. T. C. de Officiis ad Marcum filium lib. III. — Cod. membr.,
sæc. XV.

— Ciceronis Partitiones Oratoriæ ad Ciceronem filium
(avec plusieurs traités de différents auteurs.) — Cod.
memb. sæc. XIV.

— Comment. Macrobii Theodosii in Somnium Scipionis. 4 Cod. membr. sæc. XII, XIII, XV.

— Anonymi expositio in lib. III Ciceronis de Officiis. —
Cod. chart. sæc. XV. — Montfaucon, qui cite ce ms.
dans son cat. au n° XVIII, l'attribue à Ange Politien.

— M. T. Opera philosophica , videlicet de Natura
deorum ; — de Divinatione lib. II ; — de Finibus
bonorum et malorum, lib V ; — Tusculanarum quæstionum lib. V. — Cod. chart. sæc. XIV.

— De Natura deorum lib. III ; — de Divinatione ; —
de Fato. — Cod. membr. sæc. XV.

— De Natura deorum lib. III ad M. Brutum ; — de Divinatione lib. II. — Impressus sine loco et anno, in-
fol., (sed Romæ, Sweynheym et Pannartz, circa
1472); exempl. annoté.

— De Natura deorum ; — de Divinatione ; — de Fato.
— Cod. membr. sæc. XV.

— Opera varia philosophica : — de Natura deorum ; — de Divinatione ; — de Fato ; — de Legibus ;
— Somnium Scipionis ; — Pars libelli de Philosophia ;
— Pars Academic. quæstionum — Cod. membr.
sæc. XV. — Très-beau ms. aux armes des Médicis.

— Expositio anonymi [1] in eam Timæi Platonici
partem, quam Cicero sibi transtulit, ad Hermolaum
Barbarum ; — Anonymi expositio in lib. Ciceronis
de Fato ad Jacobum Trivultium ; — G. Vallæ Placentini comment. in Cic. Topica ; — Anonymi comment. in Cic. libros de Officiis. — Cod. membr.
sæc. XV. — 298 ff. (Omis par Montfaucon).

— De Officiis, lib. III ; — de Amicitia ; — de Senectute ;
— de Paradoxis ; — Epist. ad Trebatium ; — ad
Lentulum. — Cod. membr. sæc. XV.

— De Officiis, lib. III, seu moralis philosophiæ. —
Cod. membr. sæc. XV.

— De Senectute (transcript. M. CCCC. LXV.); — de

----

[1] *Forte Georgii Vallæ Placentini, medici ac litterarum Venetiis pro-
fessoris;* il est également, selon toute probabilité, l'auteur du second
et du quatrième traité.

Amicitia ; — Paradoxa ; — Somnium Scipionis ; —
de Officiis, lib. III. — Cod. chart. sæc. XV.

— Tusculanarum quæstionum lib. V. — Cod. membr.
sæc. XV. On lit à la fin : *Jaccobus Vespuccius
scripsit M. CCCC. LVIII.*, et le nom du premier
propriétaire : *Lib. Georgii Antonii Vespuccii.*

— Tusculanarum quæst. lib. V ; — Paradoxa ; — et
alia. — Cod. chartac. sæc. XV (1456).

— De Finibus bonorum et malorum, lib V ; — Fragmentum de Academicis; — Liber de Fato ; — Timæus, seu de Universo fragmentum ; — Topica. —
Cod. chart. sæc. XV.

— De Finibus ; — Tusculanæ disputationes ; — Cod.
chart. sæc. XV.

— De Natura deorum ; — de Divinatione ; — de Fato ;
— de Legibus ; fragmentum de Academicis quæstionibus, liber tertius Academicorum ; — Timæus ;
— Somnium Scipionis. — Cod. chart. sæc. XV.

— Macrobii in Somnium Scipionis comment. — Cod.
membr. (oblongo), sæc. XII.

— De Senectute liber ; — Plutarchi opusculum de
Educatione liberorum (interprete Guarino Vero-
nense), etc. — Cod. chart. sæc. XV.

— De Senectute. — Cod. memb. sæc. XIV.

— De Amicitia; — Rhetoricorum lib. IV, et alia diversorum. Cod. chart. sæc. XV.

— Tusculanarum quæstionum lib. V. — Cod. membr.
sæc. XV.

— De Finibus bonorum et malorum. — Cod. membr.
sæc. XV.

— Tusculanæ questiones. — Impr. Venetiis per Nic. Jenson, 1472, in-fol., exempl. lacéré, mais couvert de notes curieuses.

— De Amicitia ; — de Senectute ; — Paradoxa. — Cod. chart. sæc. XIV.

— De Senectute ; — de Amicitia ; — Paradoxa ; — Somnium Scipionis. — Cod. chart. sæc. XV.

— Somnium Scipionis; — Comment. Macrobii in Somnium. — Cod. membr. sæc. X (précieux manuscrit, avec scolies interlinéaires et marginales d'une haute antiquité), 57 ff.

— Id. Opus; — cum ejusd. commentariis. — Cod. membr. sæc. XIII.

— Tusculanæ quæstiones ; — de Senectute ; — Paradoxa ; — Orationes (13). — Cod. membr. sæc. XIV.

— De Natura deorum ; — de Fato ; — de Divinatione ; — Cod. membr. sæc. XIV.

— De Officiis ; — de Amicitia ; — de Senectute ; — Paradoxa et Somnium Scipionis. — Cod. membr. sæc. XV.

— De Officiis. — Cod. membr. sæc. XV. (1452).

Bibliothèque du monastère de Sainte-Marie à Florence.
(Bénédictins.)

—M. T. Cic. Orationes 7.—On lit à la fin : « Has septem Tullii Orationes quæ antea culpa temporum apud Italos deperditæ erant, Poggius Florentinus, perquisitis plurimis Galliæ Germaniæque, summo cum

studio ac diligentia, bibliothecis, cum latentes comperisset in squalore et sordibus, in lucem solus extulit, ac in pristinam dignitatem decoremque latinis
musis dicavit. » *Nous avons déjà cité cette note à
la page* 71.

— Tullii novorum Rhetoricorum lib. IV, seu, ut quibusdam videtur, Cornificii Rhetoricorum ad C. Herennium, vel, ut alii putant, incerti auctoris. —
Cod. memb. sæc. XIV.

— M. Tullii de Amicitia ; de Senectute ; Paradoxa. —
Cod. membr.

— Item, alius ead. opera complectens.

— Ejusd. Epistolarum ad Brutum, ad Quintum fratrem lib. XIII ; ad Atticum lib. VII.

— Cato Major, seu de Senectute ; Lælius sive de Amicitia ad Pomponium Atticum ; Paradoxa ad M. Brutum ;
pro Marcello ; pro Ligario ; pro Rege Dejotaro ; de
Officiis tres libri ad M. filium ; Invectivæ Sallustii
in Cic. et Cic. in Sallust.

— Epistolæ ad familiares aliquot, et in alio codice
similiter.

— De Finibus bonorum et malorum ad Brutum, lib. V.

— Alter eadem complectens, in cujus fine hæc legun-
tur : «Absolvit autem scriptor postrema manu ad IV.
Kal. junias, Verbi anno incarnati M. CCCC. VI. » —

— Item Fragmentum de Academicis : *On lit à la fin
de ce fragment cette note énergique :* « Non reperitur
plus, tanta fuit negligentia atque inscitia eorum qui
jam nos multis sæculis anteiverunt : qui suæ inertiæ
utinam et ignorantiæ præmia digna ferant ! »

— Ejusd. de Natura Deorum, lib. III. ad. M. Brutum, descriptus cod. a Marino Tomacello Neapolitano.

— Rhetorica Ciceronis, seu de Inventione libri III ; Item incerti auctoris, seu ut quibusdam placet, Cornificii Rhetor. lib. IV. — In fronte Codicis legitur : « Ars nova et vetus Cic. »

— De Officiis libri III.

— Verrinæ, Catilinariæ, tres Orationes ad Cæsarem ; Sallustii in Ciceronem et Cic. in Sallustium; in fine Codicis varia quædam.

— Ejusd. ad Quintum fratrem de Oratore, lib. III.

Bibliotheca S. Marci Dominicanorum Florentiæ.

— M. T. Cic. Academicorum in Vatinium ; — de Provinciis consularibus; de Haruspicum responsis ; — Topicorum ad Trebatium J. C.; — Partitionum ad Marcum filium, in membr.

— Comment. super præcepta et paradoxa Tullii, in papyro.

— M. T. C. accusationum in Verrem ; — in calce scribitur : *Liber Georgii Ant. Vespuccii;* in papyro.

— M. T. C. de Oratore et Partitiones oratoriæ.

— De Amicitia ; Paradoxa ; de Senectute, in membr.

— Ejusd. Officiorum ad M. T. Cic. filium suum libri. III. — Mayence, Schœffer, 1465. — Bel exempl. impr. sur vélin.

— De Oratore; — Cod. membr.

— Rhetoric. ad Herennium — Cod. chart.

— De Finibus bonorum et malorum — Cod. membr.

A la fin : *Liber Georgii Antonii Vespuccii* καὶ τῶν φίλων
quem scripsit Bartholomæus Vespuccius frater [1].

— Orator, in papyro. — De Oratore, in papyro.

— Topica ad Trebatium, in membr., Cod. antiquus.

— De Oratore, ad fratrem. — Cod. membr.

— De Officiis. — Cod. membr. cum glossa interlineari.
In fine : *Scriptum et compositum per manus Geraldi
de Harlem Clerici Trajectensis Diœcesis sub anno
Dni.* 1443.

— Rhetorica nova Tullii, in membr.

— De Natura deorum ; — de Legibus, in membr.

— Orationes, prima pro lege Manilia ; postrema pro
C. Balbo, in papyro.

— De Officiis. — Cod. scriptus anno 1412.

— Orationes pro A. Cluentio ; pro Roscio Comœdo.
— In calce legitur : *G. Ant. Vespuccii liber ;* in
pap.

— De Natura deorum et de Legibus. — Cod. membr.
sæc. XII.

— Orationes, de Imperatore deligendo ; pro Cluentio.
— Cod. membr.

*Bibliothèque de Sainte-Marie de l'Annonciade,
à Florence.*

— Epistola Tullii ad Lentulum ; — Cod. membr.

— Epistolæ familiares Ciceronis : opus imperfectum.

— Ciceronis quædam.

[1] Conventus S. Marci habitus a Fr. G. Ant. Vespuccio, ejusd. conventus professo 1499. Sub hujus Fr. G. Ant. disciplina eruditus fuit

Bibliothèque de Saint-Barthélemy de Fiesole.

— M. T. Ciceronis op. quædam. — Cod. membr.
    sæc. XV.
— Id. — 2 tom. — Cod. membr. sæc. XV.
— Id. — Cod. chart. sæc. XV.

*Bibliotheca fratrum Minorum Cesenœ, quœ olim fuit
Malatestarum.*

— Cicero de Natura deorum.
— Cicero ad Atticum ; ejusdem Orationes.
— Opera diversa ; — Philippicæ ; — de Oratore ; —
    Epistolæ familiares ; — Rhetorica, cum aliis diver-
    sorum. — Cod. membr.
— Argumenta in Orationes Cic.
— Vita Cic. per Leon. Arretinum.
— Cicero de Somnio Scipionis ; — Item declamatio
    ad Lucretiam Romanam.

Bibliotheca Tarvisiana.

— M. T. Ciceronis ad Quinctum fratrem; — ad familia-
    res, epist.; — Tusculanæ ; — Academicæ quæstio-
    nes; — de Fato ; — Orationes. — In variis codici-
    bus chart. et membr.

Americus Vespuccius novi Orbis reportor, ut ipse testatur in Epistola ad
Renatum, regem Neapolis et Siciliæ, præfixa navigationibus suis, Ba-
sileæ impressa; et in ea Fr. Georg. Ant. Vespuccium avunculum suum
vocat, et Renatum regem condiscipulum sub eodem Fr. Georgio Antonio.

BIBLIOTHÈQUES DE PADOUE.

Bibliothèque de la Cathédrale.

M. T. Cic. de Amicitia et Rhetorica.
— Opera varia.

Bibliothèque de Saint-Jean au Verger.

M. T. C. quædam.
Ejusd. Opera.

Bibliothèque de Saint-Antoine de Padoue.

Cicero de Officiis.
M. T. Cic. quædam.

Bibliothèque de Saint-François.

Cicero de Officiis.

Bibliothèque de Lorenzo Pignori, de Padoue.

Ciceronis Topica cum comment. Boëtii.
Ciceronis Opera duobus tomis.
Ciceronis Epistolæ.

Biblioteca Zabbarella.

M. T. Cic. Opera.
Rhetoricorum libri.

Biblioteca Corradina.

Cic. Epistolæ ad familiares.

Collection de Marco Benavidi de Mantoue.

Ciceronis quædam.

Ex libris Joan. Franc. Barisoni Patavini.

M. T. Ciceronis Epistolæ ad familiares in museo
J. Galvani.

Museum Nicolai Trevisani.

M. T. Cic. Orationes.
Ejusd. libri plurimi.
Ejusd. quædam.

MILAN.

Bibliotheca Ambrosiana.

Ciceronis de Arte memoriæ; Somnium Scipionis; Epis-
tolæ familiares, bomb.
Ciceronis Epistolæ; — Cod. membr. et chart. 19.
— Orationes. — Cod. 26.
— Rhetorica. — Cod. 25.
— Topica. — Cod. 26.
— Orator. — Cod. 10.

— Philosophia, seu de Officiis. — Cod. 26,
— De Senectute. — Cod. 21.
— De Amicitia. — Cod. 21.
— Paradoxa. — Cod 2.
— Somnium Scipionis. — Cod. 14.
— De Natura deorum. — Cod. 5.
— Academicæ quæstiones. — Cod. 3.
— De Finibus. — Cod. 6.
— Quæstiones Tusculanæ. — Cod. 12.
— De Mundo. — Cod. 12.
— Vita et Epitaphia. — Cod. 8.
— Pleraque cum notis et scholiis Zenonis, Synonyma
  eidem attributa, et Epigrammata in laudem ipsius.
  — Cod. 3.

ALLEMAGNE.

Ici le père Montfaucon devient tellement inexact
que nous n'osons véritablement citer que pour la forme
quelques extraits de son catalogue. On sait que les bibliothèques de Vienne et de Munich sont distinguées
entre toutes par le nombre et l'importance des manuscrits classiques.

Bibliothèque de Vienne.

Montfaucon ne cite que les manuscrits suivants :
— M. T. C. Opera quædam.
— Libellus de Synonymis Cicer. falso adscriptus.
— Ad Herennium.
— De Inventione.

— De Partitione oratoria.

— Tertia et quarta Orat. in Catilinam.

— Barthol. Amantii scholia in Epistolas M. T. Ciceronis.

Bibliothèque de Munich.

M. T. C. Cato. — Cod. membr., in-4°.

Bibliothèque de Leipzig.

Cicero de Senectute, de Amicitia, Paradoxa, Officia,
Orationes in Catilinam.

Bibliothèque de Gotha.

Ciceronis Opera plurima.

En Espagne, en Hollande et en Belgique, le R. P.
Montfaucon ne relève aucun manuscrit cicéronien.

ANGLETERRE.

Bibliothèque du Roi, à Londres.

—M. T. Cic. Epistolarum quædam.

— De Officiis.

— Opera multa (2 mss.).

— Tusculanarum quæstionum libri.

— M. T. C. multa.

Bibliothèque Bodléïenne.

— Rhetorica ad Herennium (2 cod.).

— Officia.

— Opuscula quædam.

— Orationes et Invectiva in Sallustium et Catilinam.

— De Senectute et Amicitia M. T. Ciceronis liber, pulcherrime exaratus et elegantissimis picturis ornatus.

— De Officiis.

— De Inventione rhetorica.

— Ad Herennium, lib. IV.

— Tusculanarum quæst. lib. V.

— De Institutione oratoria ad Q. fratrem, lib. III.

— Somnium Scipionis, excerptum ex libro sexto de Republica.

— Quædam Opera.

— De Officiis; — de Senectute ; — de Amicitia ; — Paradoxa ; — Somnium Scipionis ; — Tusculanæ quæst.;—de Finibus, lib. V; — de Academicis quæst., lib. I; — de Natura deorum, lib. III ; — de Divinatione, lib. II ; — de Fato ; — de Legibus ; — Timæus aut de Mundo. — Cod. membr.

Bibliothèque de l'Université, à Oxford.

— De vera Amicitia.

— Opera, quinque voluminibus, in fol. — Cod. membr. sæc. XV.

— Pro Archia Poeta.
— De Senectute.
— Questiones Tusculanæ.
— Opera quædam.
— De Officiis.
— Topica cum comment. Boëtii.

Bibliothèque du nouveau Collége, à Oxford.

— Cicero de Officiis.
— Lib. V. de Finibus bonorum et malorum.
— Philippicæ.
— Orationes.
— Ad Quinctum fratrem de Officio oratoris, lib. III.
— Ejusd. de Optimo oratore ad Brutum.
— Partitiones oratoriæ.
— Invectiva Sallustii in Cic. et Ciceronis in Sall.
— Orationes pro Marcello, Ligario et rege Dejotaro.
— Tusculanæ quæstiones.
— Orationes.

Collége de Lincoln (Oxford).

Ciceronis permulta Opera (6 cod.).
— M. T. C. ad Herennium.

Collegium Ænei-Nasi (Oxford).

— Ciceronis Officia (initio mutila).
— Ejusd., de Amicitia et de Senectute.

Collegium Corporis Christi (Oxford).

— Ciceronis Orationes contra Catilinam cum com-
mentario.
— De Finibus bonorum et malorum.
— Tusculanæ quæstiones.
— Rhetorica ad Herennium.

Colleg. S. J. Baptistæ (Oxford).

— Ciceronis Synonyma.
— De Arte oratoria lib. primus.

Colleg. S. Mariæ Magdal. (Oxford).

— Cicero de Amicitia.
— De Senectute.
— Paradoxa.
— Tusculanæ Quæstiones.
— De Divinatione et de Fato.
— Epistolæ familiares.
— De Oratore.
— De Officiis.

CAMBRIDGE.

Collége Saint-Emmanuel.

— M. T. C. de Officiis.

Collége de la Trinité.

— Opera quædam M. T. C.
— De Officiis.
— Tullius de Oratore.

Collége de S. Benoît.

— Somnium Scipionis.
— M. T. Rhetorica.
— De Finibus bonorum et malorum.

Bibliothèque publique.

— Cicero de Oratore.
— Paradoxa.
— De Amicitia et de Senectute.
— De Officiis.
— De Senectute ; — de Natura Deorum ; — de Divi-
natione ; — de Fato ; — de Academicis quæst.

Mss. Ecclesiæ Cathedr. S. Petri Eboracensis.

M. T. Ciceronis de Inventione ad Herennium.

Un certain nombre de manuscrits cicéroniens, clair-
semés dans quelques bibliothèques de Salisbury, de
Westminster, de Winton, d'Hereford, de Windsor, etc.,
sont encore cités, sans aucune description, par Montfaucon ; nous ne les relèverons pas.

Mss. d'Isaac Vossius.

— M. T. Cic. Opera quædam ; — Tusculanæ ques-
tiones ; de Officiis ; de Amicitia, etc.
— Fragmentum Orationis pro P. Sestio.
— De Senectute.
— Tusculanæ questiones.
— Disputatio in Timæum Platonis.
— De Senectute et de Amicitia et alia.
— Epistolæ ad familiares.
— Orationes variæ.
— Rhetorica.
— Rhetoricorum lib. II.
— Epistolæ ad familiares.
— Macrobius in Somnium Scipionis, cum scholiis.
— Cic. Opera quædam (plusieurs mss. ainsi désignés).
— Epistolæ ad familiares.
— De Legibus.
— Epistolæ ad familiares.
— De Finibus bonorum et malorum.
— Orationes quædam.
— De Senectute.
— Rhetorica et Topica.
— Orationes variæ.
— De Officiis (*plusieurs manuscrits*).
— Rhetorica ad Herennium.

Bibliothèque du Collége Gresham, à Londres.

— Epistol. lib. XVI.

— De Oratore.

— Ciceronis quædam (*plusieurs mss. sous ce titre*).

— De Officiis (2 mss.).

— Orationes.

— Rhetoricæ libri.

— Macrobius in Somnium Scipionis.

— Cornificii Rhetoricæ libri ad Herennium.

Nous laissons encore de côté quelques mss. insigni-
fiants de Cicéron, cités sans description, et appartenant à des collections particulières, et nous passons
à la France, dont les catalogues sont également assez
incorrectement et très-incomplètement dépouillés par
le P. Montfaucon ; mais nous pouvons au moins présenter un relevé exact des mss. cicéroniens de la première librairie du monde entier, la Bibliothèque Impériale.

PARIS.

Bibliothèque Impériale.

Ancien fonds latin.

544. Ciceronis liber de Amicitia (cum glossis inter
lineas).

Ms. du XIIe siècle, provenant de l'abbaye de Saint-
Martial de Limoges.

1778. Declamatio Sallustii in Ciceronem ; Cic. Res
ponsum ; — Orationes pro M. Marcello (incomp.);

pro Q. Ligario ; — pro Rege Dejotaro ; — pro P. Sextio.

Ms. sur vélin du XIVe siècle, prov. de Colbert.

2171. De Amicitia (incomp. de la fin).

Ms. sur vélin du XVe siècle, prov. de Colbert.

2183. Synonyma Ciceronis (præmittitur epistola ad Veterium, quæ minus recte Cic. tribuitur, ut legenti patebit).

Ms. du XIe siècle, prov. de Philibert de la Mare.

2355. De Inventione rhetorica, lib. II (incomp. de la fin du deuxième livre) ; — Rhetorica ad Herennium. Le premier ms. est du XIIe siècle et prov. de Colbert ; — le second est moderne.

2341. Synonyma.

Ms. du IXe siècle, prov. de Colbert,

2687. Anonymus de ratione conscribendarum epistolarum : huic tractatui insertus est liber de Synonymis, qui Cic. tribuitur.

Ms. sur papier, du XVIe siècle, prov. de Mazarin.

2906. De Legibus, lib. III.

Ms. du XVe siècle sur vél., prov. de Baluze.

2927. Epistolæ ad diversos.

Ms. sur vélin, du XVe siècle.

3235. Paradoxa ; — de Senectute.

Ms. mi-parti vélin et papier, du XVe siècle, prov. de Gaignières.

3652. De Officiis lib. III.

Ms. sur vélin, du XIIIe siècle, prov. de Mazarin.

3773. Opusculum de artificiosa lectione M. T. Cic., sive artificium legendi, aut. anonymo.

Ms. du X siècle, provenant de Colbert.

4329. Sallustii oratio in Cic. cum Cic. responso.

Ms. mi-parti vélin et papier, du XVe siècle, prov. de Mazarin.

4588 a. De Natura Deorum lib. III (incomp.). — Orationes in Verrem.

Ms. sur vélin, du XIIIe siècle, provenant de Colbert.

4695. Anonymi comment. in Cic. orationes pro Cælio et pro Muræna.

Ms. sur vélin, du XVIIe siècle, prov. de Ph. de la Mare.

4696. Topica ad Trebatium (cum comment. anonymo.

Ms. sur vélin, du XIIIe siècle, prov. de Colbert.

4883 a. Synonyma.

Ms. du XIe siècle, prov. de Colbert.

4930. Epistolæ nonnullæ ad familiares.

Ms. du XVe siècle, sur papier, prov. de Mazarin.

5721. Ciceronis responsio ad Sallustium (à la fin se trouve l'*Invectiva Sallustii in Ciceronem*) ; — Orationes pro M. Marcello ; — ad Senatum, antequam iret in exilium ; — ad Populum ; — ad Senatum post Reditum ; — pro Q. Ligario ; — pro Rege Dejotaro ; — pro Sulla ; — pro lege Manilia.

Ms. sur vélin du XIVe et du XVe siècle, prov. de Colbert.

5751. Excerpta e Ciceronis Tusculanis quæstionibus.

Ms. sur vélin, du XIIIe siècle, prov. de J.-A. de Thou et de Colbert.

5752. Liber de Senectute ; — de Amicitia.

Ms. sur vélin, partie du Xe, partie du XIIIe siècle ;
prov. de Dupuy.

5755. Sallustii Oratio in Ciceronem ; — responsio Ciceronis ad declamationem Sallustii ; — orationes
pro M. Marcello ; — pro Q. Ligario ; pro Rege Dejotaro ; — ad Senatum, pridie quam iret in exilium ; — in Senatu post reditum ; — ad Populum de
suo reditu ; — in Catilinam quatuor ; — Cato Major sive
liber de Senectute ; — Lælius, sive de Amicitia ; —
de Officiis, lib. III. ; — Tusculanarum lib. primi
fragmentum.

Ms. sur vélin, du XVe siècle.

5758. Orationes pro M. Marcello ; — pro Rege Dejotaro ; pro Q. Ligario ; — ad Quirites post reditum ;
— ad equites Romanos, ante exilium ; — Sallustii
invectiva cum Ciceronis responso.

Ms. sur vélin, du XVe siècle.

5761. Invectiva Sallustii cum Ciceronis responso ; —
orationes IV in Catilinam.

Ms. sur velin, du XVe siècle.

5802. Quatuor primæ orationes in Antonium ; —Tusculanæ quæstiones, libri V.

Ms. sur vélin du XIIIe siècle.

5812. Somnium Scipionis.

Ms. sur vélin, du XVe siècle, provenant de J.-A. de
Thou, puis de Colbert.

6069 n. Oratio pro lege Manilia.

Ms. sur vélin, du XVe siècle, prov. de Colbert.

6072. Orationes IV in Catilinam ; — Demosthenis ad
Alexandrum Regem epistola, a Leonardo Aretino

ficta et ex ipsissimis verbis Ciceronis concinnata;
— Sallustii invectiva in Cic., cum responso.

Ms. sur vélin, du XVe siècle, prov. de Baluze.

6095. Orationes IV in Catilinam. (Ad calcem subjicitur quinta; authore anonymo.)

Ms. sur vélin, du XVe siècle, provenant de J.-A. de Thou, puis de Colbert.

6096. Epistolæ nonnullæ ad familiares.

Ms. mi-parti vélin et papier, du XVe siècle, prov de Colbert.

6105. De Senectute ; — de Amicitia.

Ms. sur papier, du XVe siècle, prov. de Colbert.

6107. Epistola Ciceronis ad Balbum.

Ms. sur papier, du XVe siècle, provenant de J.-A. de Thou, puis de Colbert.

6110. Anonymi (Theod. Marcilii) commentarius in tertium Ciceronis librum de Legibus.

Ms. sur papier, du XVIe siècle, prov. de Dupuy.

6119. Theodori Marcilii annotationes in Ciceronis librum tertium de Legibus; in nonam Philippicam; in primam Catilinariam.

Ms. sur papier, du commencement du XVIIe siècle, provenant de Le Tellier.

6251. Annotationes Theod. Marcilii in epistolam Ciceronis ad Curionem.

Ms. sur papier, du XVIe siècle, prov. de Colbert.

6259 b. Front. Ducæi annotat. in lib. Ciceronis de optimo genere Oratorum; — in Philippicam undecimam; — in Timæum.

Ms. sur papier, daté de 1585, prov. de Colbert.

6283. De Natura deorum libri III ; — de essentia
mundi, sive Tullius in Timæum Platonis ; — liber
(suppositus) de laude ac defensione philosophiæ ;
— de Divinatione, lib. II ; — de Fato.

Ms. sur vélin, du XIVe siècle.

6331. De Finibus bonorum et malorum, lib. V ; —
Academicarum quæstionum liber primus.

Ms. sur vélin, du XIIIe siècle, prov. de Dupuy.

6332. Tusculanarum quæstionum lib. V ; — Cato
major, sive liber de Senectute. (Incomplet.)

Ms. du IXe siècle.

6333. Tusculanæ quæstiones ; — liber de essentia sive
de creatione mundi ; — Partitiones oratoriæ.

Ms. sur vélin, du XIIIe siècle, prov. de Mazarin.

6334. Tusculanæ quæstiones ; — de Natura deorum
lib. III ; — libri II de Divinatione ; — de essentia,
sive de productione mundi.

Ms. du XIVe siècle, sur vélin.

6335. Tusculanæ quæstiones ; — Somnium Scipionis.

Ms. du XVe siècle, sur vélin, prov. de D. Dufresne.

6336. Tusculanæ quæstiones ; — Paradoxa.

Ms. sur papier, du XVe siècle, prov. de Philibert de
la Mare.

6337. Tusculanæ quæstiones (avec scholies marginales) ;
— Paradoxa.

Ms. sur vélin, du XVe siècle, prov. du cardinal de
Bourbon.

6338. Anonymi scholia in Tusculanarum quæstionum
lib. quatuor priores. (La fin du livre IVe manque).

Ms. sur papier, du XVIe siècle, prov. de Mazarin.

6339. De Natura deorum lib. III (incomplet du commencement) ; — de Divinatione libri duo.

Ms. sur vélin, du XIII° siècle, prov. de Mázarin.

6340. De Natura deorum ; — de Divinatione liber primus.

Ms. sur vélin, du XIV° siècle.

6341. Anonymi commentarius in secundum librum de Natura deorum.

Ms. sur papier, du XVI° siècle.

6342. De Officiis (en tête sont deux lettres de Pétrarque, à la fin on a joint diverses épitaphes de Cicéron); — Paradoxa ; — de Amicitia ; — de Senectute ; — Tusculanæ quæstiones ; — Orationes : adversus Catilinam quatuor ; — pro Marcello ; — pro Rege Dejotaro ; — de congratulatione sui ad Senatum ; — pro Q. Ligario ; — Philippicæ tredecim ; — Sallustii oratio in Ciceronem, cum responso ; — Somnium Scipionis.

Ms. sur vélin. daté de 1376, prov. de Mazarin.

6343-6344. Officiorum libri tres.

2 mss. sur vélin, du XIV° siècle.

6345. De Officiis lib. III ; — de Senectute ; — Paradoxa ; — de Amicitia. (Ces quatre traités avec notes marginales.)

Ms. sur vélin, du XIV° siècle, prov. de Colbert,

6346. — De Officiis libri III.

Ms. sur vélin, du XIV° siècle.

6347. De Officiis lib. III ; — libri secundi de Officiis finis et tertii initium ; — Epistolæ ad familiares.

Ms. mi-parti vélin et papier, provenant d'abord

de J.-A. de Thou, puis de Colbert. — Quoique l'écriture ne paraisse remonter qu'au XIVᵉ siècle, quelques fragments semblent appartenir au Xᵉ.

6348. De Officiis ; — Cato major ; — Paradoxa ; — de Amicitia ; — Somnium Scipionis.

Ms. de la fin du XIVᵉ siècle, sur papier.

6349. De Officiis ; — Paradoxa ; — Tusculanarum quæstionum libri duo priores et tertii initium.

Ms. sur vélin, de la fin du XIVᵉ siècle.

6350. De Officiis (præmittuntur illius epitaphia per XII sapientes compilata) ; — de Senectute ; — de Amicitia (avec notes marginales et interlinéaires); — Somnium Scipionis.

Ms. sur papier, daté de 1446, prov. de Colbert.

6351. De Officiis ; — Paradoxa ; — Cato major ; — Lælius, sive de Amicitia ; — Somnium Scipionis.

Ms. sur vélin, daté de 1467.

6352. De Officiis lib. III.

Ms. sur papier, du XVᵉ siècle.

6353.-6354.-6355.-6356. De Officiis, lib. III.

4 mss. sur vélin, du XVᵉ siècle.

6357. De Officiis lib. III ; — de Amicitia ; — de differentiis Ciceronis in dubiis rebus liber, sive Ciceronis synonyma.

On lit à la fin : *Reperi in antiquissimo codice libellum de differentiis Ciceronis, quem Ciceronis non fuisse satis mihi constat ; quia tamen est utilis visus, ad hunc exemplandum duxi : Collucius de Florentia.*

Ms. sur papier, du XVᵉ siècle, prov. de Mazarin.

6358. De Officiis lib. III, avec scholies marginales.

Ms. sur papier, du XVe siècle, prov. de Béthune.

6359. Commentarii anonymi in Officia Ciceronis.

Ms. sur papier, du XVe siècle.

6360. Liber de Senectute; — de Amicitia; — de Officiis lib. III; — Paradoxa.

Ms. sur papier, du XIVe siècle, prov. de Colbert.

6361. Lælius, sive liber de Amicitia; — Cato major, sive liber de Senectute; — Paradoxa; — Somnium Scipionis; — de Legibus lib. III.

Ms. sur vélin, daté de 1458.

6362. De Amicitia; — Rhetoricorum ad Herennium lib. IV; — de Senectute; — Paradoxa; - Orationes pro M. Marcello; — pro Q. Ligario; — pro Archia poëta; — pro Cn. Pompeio; — pro Rege Dejotaro; — Tusculanæ quæstiones.

Ms. sur vélin, du commencement du XVe siècle, prov. de Nic. Heinsius.

6363. Anonymi expositio in Ciceronis librum de Amicitia.

Ms. du XVe siècle, sur papier.

6364. Paradoxa; — Sallustii oratio in Ciceronem, cum Ciceronis responso; — Orationes adversus Catilinam quatuor; — pro M. Marcello; — pro Q. Ligario; liber de Senectute; — de Amicitia; — de Fato.

Ms. sur vélin, du XIVe siècle.

6365.-6366.-6367. Somnium Scipionis, cum commentariis Macrobii.

3 mss. sur vélin, du XIVe siècle, prov. de Colbert.

6368. Somnium Scipionis.

Ms. sur vélin, du XIVe siècle.

6369. Somnium Scipionis, cum comment. Macrobii;
— Orationes (22): pridie quam in exilium iret; —
cum Senatui gratias egit; — cum populo gratias
egit; — de domo sua ; — pro Publio Sextio; — in
P. Vatinium testem; — de Provinciis consularibus; ·
— de Aruspicum responsis; — Oratio pro Cornelio
Balbo ; — pro M. Cœlio ; — pro Cn. Plancio ; —
pro P. Sulla; — pro Archia poëta; — pro M. Marcello; — pro Q. Ligario ; — pro rege Dejotaro ; —
pro A. Cluentio ; — pro A. Milone ; — pro L. Flacco;
— pro S. Roscio Amerino; — pro P. Quintio; —
pro L. Muræna.

Ms. sur vélin, du XIVe siècle.

6370. Commentariorum Macrobii in Somnium Scipionis lib. II.

Ms. du IXe siècle.

6371. Somnium Scipionis cum commentariis Macrobii.

Ms. du XIe siècle, provenant de Dupuy et de
Colbert.

6372. Idem opus, cum glossis inter lineas et ad marginem scholiis.

Ms. sur vélin, du XIVe siècle.

6373. Theod. Marcilii annotationes grammaticæ et historicæ ad Somnium Scipionis.

Ms. sur papier, daté de 1609.

6374. Liber de essentia mundi; — de laude ac defensione philosophiæ liber supposititius.

Ms. sur vélin, du XIVe siècle.

6375. Liber de laude ac defensione philosophiæ; —

de Natura deorum libri III; — de Finibus bonorum ac malorum lib. V.

Ms. sur vélin, du XIVe siècle.

6415. Somnium Scipionis, cum comment. Macrobii.

Ms. sur vélin, du XVe siècle, provenant de Colbert.

6576. Idem opus.

Ms. sur vélin, du XIIIe siècle, provenant de Mazarin.

6580. Theod. Marcilii annotationes in opera (VI) Ciceronis.

Ms. sur papier, daté de l'an 1600, provenant de Le Tellier.

6591. De Finibus bonorum et malorum lib. V.

Ms. sur vélin, daté de 1441.

6592, 6593, 6595, 6596. Tusculanæ quæstiones.

4 mss. sur vélin, du XVe siècle.

6594. Tusculanæ quæstiones; — Oratio pro lege Manilia; — pro Milone.

Ms. sur papier, du XVe siècle, provenant de Béthune.

6597. De Legibus; — Academicarum quæstionum liber qui inscribitur Lucullus; — Timæus, sive fragmentum de Universitate.

Ms. mi-partie vélin et papier, du XVIe siècle, provenant de Phil. de la Mare.

6598—6599. Trium M. T. Ciceronis librorum de legibus synopsis; authore J. Molinari.

Ms. sur papier, du XVIe siècle.

6600. Theod. Marcilii notæ criticæ et historicæ in Ciceronis opera septem.

Ms. sur vélin, du XVIIe siècle.

6601. De Officiis libri tres.

Ms. du Xe siècle, provenant de Mazarin.

6602. De Officiis lib. III; — adversus Antonium Orationes quatuor priores; — adversus Catilinam Orationes IV.

La première partie de ce ms. sur vélin est du XIIIe siècle; la fin est du XIV^c; il provient de Colbert.

6603. De Officiis.

Ms. sur vélin, du XIVe siècle, provenant de Colbert.

6604. De Officiis; — liber de Amicitia; — de Senectute; — Paradoxa; — Orationes IV in Catilinam; — Invectiva Sallustii cum Ciceronis responso; — Orationes pro Q. Ligario; pro rege Dejotaro; pro M. Marcello.

Ms. sur vélin, du XIVe siècle, provenant de Colbert.

6605. De Officiis.

Ms. sur vélin, daté de 1468.

6607. De Officiis; — Somnium Scipionis; — liber de Amicitia; — de Senectute; — Paradoxa.

Ms. sur vélin, du XVe siècle.

6608. De Officiis (incompl.); — Paradoxa; — de Senectute; — de Amicitia (incomplet de la fin); — de Somnium Scipionis (incompl.)

Ms. sur vélin, du XVe siècle, provenant de Bigot.

6609. De Amicitia; — de Senectute; — de Officiis.

Ms. sur vélin, du XV^c siècle.

6610. De Officiis, avec scholies marginales (incompl.).

Ms. sur vélin, du XVe siècle, provenant de Mazarin.

6611. De Officiis.

Ms. sur vélin, du XVe siècle, provenant de Mazarin.

6612. Sulpitii Verulani recollecta super Cic. libros de
Officiis.

Ms. sur papier, daté de 1486, provenant de Mazarin.

6613. Cato Major, sive liber de Senectute; — de Amicitia; — Paradoxa; — Somnium Scipionis; — Orationes quatuor in Catilinam.

Ms. sur vélin, du XVe siècle.

6614. Liber de Amicitia (avec scholies marginales);
— de Senectute; — Paradoxa.

Ms. sur vélin, du XVe siècle, provenant de Colbert.

6615. De Amicitia; — de Senectute; — Paradoxa.

Ms. sur vélin, du XVe siècle, provenant de Colbert.

6616. De Amicitia (incompl.); de Senectute.

Ms. sur papier, daté de 1459, provenant de Mentel.

6617. Lælius, sive de Amicitia.

Ms. sur vélin, du XVe siècle, provenant de Le Tellier.

6618. Id. opus.

Ms. sur papier, du XVe siècle.

6619. Somnium Scipionis, cum comment. Macrobii.

Ms. sur vélin, du XIIe siècle, provenant de Mazarin.

6620. Id. opus (incompl.).

Ms. sur vélin, du XIe siècle, provenant de Philibert
de la Mare.

6621. Id. opus (incompl.).

Ms. sur vélin, du XIIIe siècle, provenant de J.-A. de
Thou, puis de Colbert.

6622, 6623. Id. opus, cum glossis et annotationibus.

2 mss. sur vélin, du XIIIe siècle, provenant de Colbert.

6624. Timæus, sive de universitate fragmentum; —
de Fato ; — Orationes IV in Catilinam.

Ms. sur vélin, du XVe siècle, provenant de Colbert.

6758. De Officiis; — de Senectute; — Paradoxa ; —
de Amicitia (incompl.).

Ms. sur vélin, du XIIIe siècle, provenant d'Ulrich
Obrecht.

6759. De Officiis, cum glossis.

Ms. sur vélin, du XIVe siècle, provenant de Phil.
de la Mare.

6760. De Officiis.

Ms. du XVe siècle, sur vélin, provenant de Gaignières.

6761. De Senectute; — de Amicitia.

Ms. sur vélin, daté de 1424, provenant de Mazarin.

6762. De Senectute; — Paradoxa (incompl.).

Ms. sur vélin, du XVe siècle, provenant d'Ulrich
Obrecht.

6763. De Amicitia; — de Senectute; — Paradoxa; —
Orationes pro M. Marcello; — pro Archia poeta;
pro Q. Ligario; — pro Rege Dejotaro ; — pro Cn.
Pompeio (incompl.).

Ms. sur papier, du XVe siècle, provenant de Bigot.

6764. Somnium Scipionis, cum comment. Macrobii.

Ms. sur vélin, du XIIIe siècle, provenant de Colbert.

6770. Fragment des Paradoxa.

Ms. sur vélin, du XIIIe siècle, provenant de Mazarin.

6777. De Oratore lib. III.

Ms. du XVe siècle, sur papier, provenant de Baluze.

7231. De Rhetorica ad Herennium lib. VI (sive po-

tius, excerpta ex libris ad Herennium); — Partitiones oratoriæ; — Liber de Synonymis ad Beturium.
Ms. du XIIe siècle.

7347. Fragmentum de optimo genere oratorum.
Ms. sur vélin, du XIVe siècle.

7518. Synonyma.
Ms. sur papier, du XVe siècle, provenant de Phil.
de la Mare.

7659. Liber de Synonymis.
Ms. sur papier, daté de 1468, provenant de Mazarin.

7660. Synonyma.
Ms. sur papier, du XVe siècle, provenant de Colbert.

7688. De Synonymis.
Ms. sur vélin, du XVe siècle, provenant de Mazarin.

7695. M. T. Ciceronis de Inventione rhetorica lib. II;
— Rhetoricorum ad Herennium lib. IV; — de Oratore lib. III; — Orator (incomplet); — Sallustii Invectiva in Ciceronem; — M. T. C. responsum; —
adversus Catilinam orationes IV; — Orationes pro
Q. Ligario ; — pro M. Marcello ; — pro rege Dejotaro ; — de congratulatione sui ad Senatum ; —
Philippicæ XIII ; — Topica, cum Boetii commentariis
(incomplet).
Ms. sur vélin, du XIVe siècle.

7696. M. T. Ciceronis de Inventione libri II ; — subjiciuntur M. F. Victorini in eosdem libros commentarii ; — Partitiones oratoriæ ; — Rhetoricorum ad
Herennium lib. IV.
Ms. sur vélin, du XIIe siècle.

7697. De Inventione rhetorica lib. II.

Ms. sur vélin, du XII° siècle, prov. de Colbert.

7698. M. T. Ciceronis de Inventione lib. II ; — Rhetoricorum ad Herennium lib. IV ; — de Officiis lib. III ; — liber de Amicitia ; — de Senectute ; — Tusculanarum quæstionum lib. V ; — Paradoxa ; — de Natura deorum lib. III ; — de Divinatione lib. II ; — de Fato.

Ms. sur vélin, du XIVe siècle.

7699. M. T. C. de Inventione lib. II ; — Rhetoricorum ad Herennium lib. IV.

Ms. sur vélin, du XIVe siècle.

7700. De Inventione rhetorica lib. II ; — Rhetoricorum ad Herennium lib. IV.

Ms. sur vélin, du XVe siècle, prov. de Colbert.

7701. De Oratore lib. III, ad Quintum fratrem (le 3e livre incomplet à la fin).

Ms. sur vélin, du XIIIe siècle.

7702. De Oratore lib. III.

Ms. sur vélin, daté de 1459, prov. de Béthune.

7703. De Oratore lib. III ; — Orator ; — liber de claris oratoribus ; — ad Ciceronem filium liber de partitionibus oratoriis ; — ad Trebatium Topicorum libellus ; — de Inventione lib. II ; — Rhetoricorum ad Herennium lib. IV.

Ms. sur vélin, daté de 1461.

7704. De Oratore lib. III ; — Orator ; — de claris oratoribus ; — de optimo genere oratorum.

Ms. sur vélin, du XVe siècle, provenant de Louis de Targuy.

7705. De Oratore lib. III ; — Orator ; — liber de claris
oratoribus.

Ms. sur vélin, du XVe siècle, prov. de Mazarin.

7706. De Oratore lib. III ; — Orator ad Brutum.

Ms. sur vélin, du XVe siècle, prov. de Mazarin.

7707. De Oratore lib. III.

Ms. sur vélin, du XVe siècle, prov. de Le Tellier.

7708. Brutus, sive de claris oratoribus liber ; — Orator, ad Marcum Brutum.

Ms. sur vélin, du XVe siècle, prov. de Colbert.

7709. Topica (incomplet du commencement, suivi des
commentaires de Boëce).

Ms. sur vélin, du XIIe siècle.

7710. Topica, ad C. Trebatium.

Ms. sur vélin et sur papier, du XIIIe siècle, provenant de Colbert; il est accompagné de gloses et de
scholies interlinéaires et marginales.

7711. Topica, cum comment. Boetii, lib. VI.

Ms. sur vélin, du XIIe siècle, provenant de Colbert;
(gloses interlinéaires.)

7712. Topica, cum Boetii comment.

Ms. sur vélin, du XIIe siècle.

7713. Topica; — de Partitione oratoria dialogus ; —
de optimo genere oratorum.

Ms. sur vélin, du XVe siècle, prov. de Colbert.

7714 Rhetoricorum ad Herennium lib. IV.

Ms. du IXe siècle, prov. de Dupuy.

7715. Rhetoricorum lib. IV.

Ms. sur vélin, du XIVe siècle.

7716. Rhetoricorum lib. IV.

Ms. sur vélin, daté de 1466.

7717. Rhetoricorum lib. IV.

Ms. sur papier, du XV° siècle, prov. de Colbert.

7718. Rhetoricorum lib. IV.

Ms. sur papier, du XVe siècle, provenant de L. de Targuy.

7718 a. Rhetoricorum ad Herennium lib. IV; — Synonyma.

Ms. sur papier, du XVe siècle, prov. de Mazarin.

7737. De Inventione rhetorica lib. II.

Ms. du XIe siècle, prov. de Dupuy.

7738. De Inventione; — Rhetoricorum ad Herennium lib. IV.

Ms. sur vélin, du XIIIe siècle. prov. de Dupuy.

7739 à 7745. De Inventione; — Rhetorica ad Herennium.

7 mss. sur vélin, du XIIIe siècle, le premier provenant de Bigot, le cinquième de Mazarin, et les deux derniers de Colbert; le dernier est incomplet.

7746. Idem opus.

Ms. sur vélin, du XVe siècle, prov. de Colbert.

7747. De Inventione lib. II.

Ms. sur vélin, du XVe siècle, prov. de Le Tellier.

7748.-7749. Comment. M. F. Victorini in Ciceronis Rhetoricam.

2 mss. du Xe siècle.

7750. De Oratore lib. III, ad Quintum fratrem : præmittitur Ciceronis vita, aut. Leon. Aretino; — Orator (incomplet).

Ms. sur vélin, daté de 1417.

7751.-7752.-7753. De Oratore.

3 mss. sur vélin, du XVᵉ siècle ; le dernier, qui provient de Béthune, est incomplet.

7754. Rhetoricorum ad Herennium lib. IV.

Ms. sur papier, du XVᵉ siècle, prov. de Mazarin.

7755. Idem opus.

Ms. sur vélin, daté de 1466, prov. de Colbert.

7756. Idem opus.

Ms. sur vélin, du XVᵉ siècle. A la fin sont réunies des observations grammaticales et critiques sur ce traité.

7757. Anonymi comment. in Cic. Rhetoricam.

Ms. sur vélin, du XVᵉ siècle.

7758. Comment. Anicii Manlii Boetii in Topica Cic. lib. VI.

Ms. sur papier, du XIIIᵉ siècle, prov. de Baluze ; le commencement du VIᵉ livre manque.

7765. De Inventione rhetorica, cum glossis inter lineas et ad marginem scholiis.

Ms. du XIᵉ siècle, provenant de J.-A. de Thou, puis de Colbert.

7767.-7768.-7769. Rhetoricorum ad Herennium libri IV.

3 mss. sur vélin, du XVᵉ siècle ; le premier provient de Mentel et est daté de 1463, le second de 1473, le troisième provient de Le Tellier.

7774. Orationes 33, pro Sexto Roscio Amerino, etc.

Ms. sur vélin, en deux volumes in-folio ; il est du XVᵉ siècle et prov. de Colbert.

7774 a. Orationes in Verrem quarta et quinta ; — de Inventione lib. II ; — fragmentum de Rhetorica.

Ms. du IX° siècle.

7775. Orationes in Verrem tertia, quarta et quinta.

Ms. sur vélin, du XIII° siècle, prov. de Dupuy. Le commencement du V° discours manque.

7776. Orationes in Verrem.

Ms. sur vélin, du XIII° siècle.

7777. Orationes 26, quinque in Verrem, scilicet tres priores et duæ posteriores, quatuor in Catilinam, etc.

Ms. sur vélin, daté de 1466, prov. de Colbert.

7778. Orationes XIV.

Ms. sur vélin, du XIV° siècle.

7779. Orationes XXX; — tres de lege agraria, quatuor in L. Catilinam, etc.

Ms. sur vélin, daté de 1459.

7780. Orationes XII.

Ms. sur vélin, du XV° siècle, provenant de Colbert.

7781. Orationes XXII.

Ms. sur vélin, du XV° siècle, provenant de J.-A. de Thou, puis de Colbert.

7782. Orationes XXVI (incompl.).

Ms. sur vélin, du XV° siècle, provenant de Mazarin.

7783. Orationes VI; — Epistolæ ad familiares.

Ms. mi-parti vélin et papier, du XV° siècle, provenant de Colbert.

7784. Orationes VIII; — liber de Amicitia; — Somnium Scipionis; — Academicarum quæstionum liber quartus; — Philippicæ tredecim.

Ms. sur vélin, du XV° siècle, provenant de Colbert.

7785. Orationes IV adv. Catilinam; — pro Marcello; — pro Q. Ligario; — pro Rege Dejotaro; — Invectiva Sallustii, cum Cic. responso ; — liber de Senectute ; — Officiorum lib. III ; — anonymi notæ in lib. Officiorum.

Ms. sur vélin , du XIVe siècle.

7786. Adversus Catilinam orationes IV ; — Invectiva Sallustii , cum Cic. responso ; — Verrinæ VII ; — Philippicæ XIII ; — ad Ciceronem filium lib. de partitionibus oratoriis ; — ad Trebatium topica.

Ms. sur vélin, du XIVe siècle.

7787. Orationes V.

Ms. sur papier, du XVe siècle.

7788. Orationes XX ; — Invectiva Sallustii , cum Cic. responso ; — Paradoxa ; — de Senectute ; — de Amicitia ; — nonnullæ epistolæ ad familiares.

Ms. sur papier, du XVe siècle, provenant de J.-A. de Thou, puis de Colbert.

7789. Pro M. Marcello oratio ; — Cato Major, sive liber de Senectute ; — traduction du traité de la Vieillesse composé par Cicéron ; on lit ces mots à la fin du volume :

« *Cy fine le liure de Tulle de la Viellesse, translate de latin en francoys, du commandement de tres excellent, glorieux et noble prince Loys duc de Bourbon, par moy Laurent de Premier-Faict au Ve iour de nouembre M. CCCC. et V.* »

7790. Orationes Philippicæ.

Ms. sur vélin, du XIVe siècle.

7791. Philippicæ orationes XIV ; — Invectiva Sallustii, cum Cic. responso ; — Oratio in Catilinam supposititia.

Ms. sur vélin, du XVe siècle.

7792. Orationes Philippicæ XIV.

Ms. sur vélin, du XVe siècle, provenant du médecin Mentel ; on y a joint une lettre du savant Campanus, dans laquelle il met ces discours de Cicéron bien au-dessus de tous les autres.

7794. Philippicæ orationes.

Ms. sur vélin, du XVe siècle, provenant de Colbert.

7793. Orationes : pridie quam in exilium iret ; — in senatu, post reditum ; — ad Quirites post reditum ; — de domo sua, ad pontifices ; — pro P. Sextio ; — in P. Vatinium testem ; — in senatu, de Provinciis consularibus ; — de Aruspicum responsis ; — pro C. Balbo ; — pro M. Cœlio.

Ms. du IXe siècle, d'une haute importance.

7795. Antonii Lusci Vicentini enarrationes in M. T. Ciceronis Orationes decem.

Ms. sur papier, du XVe siècle.

7822.-7823. Verrinæ orationes tres priores et duæ posteriores.

2 Mss. sur vélin, du XVe siècle ; le premier, daté de 1470, provient de Colbert.

7824. Orationes XV.

Ms. sur papier du XVe siècle, provenant de Dupuy.

7825. Oratio secunda de lege agraria.

Ms. sur papier, du XVe siècle.

7826. Adversus Catilinam orationes IV ; — Invectiva Sallustii in Cic., cum responso ; — Oratio pro Marcello.

Ms. sur papier, du XVe siècle, provenant de Mazarin.

7827. Adv. Catilinam orationes IV ; — in M. Antonium orationes tres priores.

Ms. sur vélin, du XVe siècle, provenant de Colbert.

7828. Orationes VII ; — Invectiva Sallustii, cum responso.

Ms. sur papier, du XVe siècle, provenant de J.-B. Hautin, puis d'Est. Baluze.

7829. Oratio pro Milone.

Ms. vélin et papier, du XVe siècle, provenant de Mazarin.

7830. Orationes pro Marcello ; — pro Q. Ligario ; — Paradoxa.

Ms. sur vélin, du XIIe siècle, provenant de Colbert.

7831. Philippicæ orationes XIV.

Ms. sur vélin, daté de 1416, provenant de Colbert.

7833. Comment. Asconii Pediani in orationes Cic.

Ms. sur vélin, du XVe siècle, provenant de Colbert.

7835. Th. Marcilii annotat. grammaticæ et rhetor. in Cic. orationem pro Murena ; — Oratio pro Murena (Parisiis excusa apud St. Prevosteau, anno 1603; — Topica ; — (apud eumdem, anno 1601) ; — Th. Marcilii annotat. in Ciceronis Topica.

Ms. sur papier, daté de 1604, provenant de Mentel.

— 7835 a. Th. Marcilii annotat. in Ciceronis Topica et orationem pro Q. Ligario.

Ms. sur papier, du commencement du XVIIe siècle, provenant de la Mare.

7836. Sallustii in Cic. declamatio, cum Cic. responso ; — Orationes IV adv. Catilinam.

Ms. sur vélin, du XVe siècle, provenant de Bigot.

8048. Rhetoricorum ad Herennium lib. primus (incompl.).

Ms. sur vélin, du XIVe siècle, provenant de Dupuy.

8522. Epistolæ ad familiares, lib. VI.

Ms. sur vélin, du XVe siècle.

8523. Id. opus.

Ms. sur vélin, daté : *Mediolani*, 1457.

8524. Id. opus.

Ms. sur vélin, du XVe siècle.

8525. Id. opus.

Ms. sur vélin, du XVe siècle, provenant de Colbert.

8526. Id. opus.

Ms. sur papier, du XVe siècle, même provenance.

8527. Id. opus.

Ms. sur vélin, du XVe siècle.

8528. Id. opus.

Ms. sur vélin, du XVe siècle.

8529. Id. opus.

Ms. sur papier, du XVe siècle, provenant de Mazarin.

8530. Id. opus (incompl.).

Ms. sur papier, du XVe siècle, provenant de Ph. de
la Mare.

8531. Id. opus (incompl.).

Ms. sur papier, du XVe siècle.

8532. Epistolarum ad familiares libri tres priores.

Ms. sur vélin, du XVe siècle.

8533. Epistolæ ad familiares, ad Brutum, ad Quintum fratrem et ad Atticum.

Ms. en 2 volumes sur vélin, du XVe siècle, provenant du cardinal de Bourbon.

8534. Epistolæ ad Brutum , ad Quintum fratrem et ad
Atticum.

Ms. sur vélin, du XVe siècle, provenant de Colbert.

8536. Epistolæ ad Quintum fratrem ; — ad Atticum ;
— ad Brutum.

Ms. sur vélin, du XVe siècle, provenant de Dupuy.

8537. Epistolæ ad Brutum ; — ad Quintum fratrem et
ad Atticum.

Ms. sur vélin, daté de 1415, provenant d'Ant. Faure.

8538. Epistolæ ad Brutum , ad Quintum fratrem.

Ms. sur vélin, daté de 1419.

8539. Simeonis Bosii, prætoris Lemovicensis, ani-
madvers. in Cic. epistolas ad Atticum.

Ms. sur papier, daté de 1472, provenant de Baluze.

8552. Paradoxa : — de Amicitia.

Ms. sur vélin , du XVe siècle, provenant de Colbert.

8560. Epistolæ variæ.

Ms. sur papier, du XVe siècle.

8613. Epistolæ familiares.

Ms. sur papier, du XVe siècle, provenant de Phil.
de la Mare.

8614. Excerpta ex epistolis Cic.

Ms. sur papier, du XVIe siècle, provenant de de
Mesmes.

8619. Oratio pro Marcello.

Ms. sur papier et vélin , du XVe siècle.

8658. Epistolæ ad familiares ; — Sallustii Invectiva ,
cum Cic. responso ; — Oratio pro Marcello : — Oratio antequam iret in exilium.

Ms. sur papier, du XVIe siècle, provenant de Baluze.

8677. A. Macrobii Theodorii in Somnium Scipionis
lib. III ; — Præmittitur Somnium Scipionis.
Ms. sur vélin , du XVe siècle.

8716. Paradoxa.
Ms. sur vélin, du XVe siècle, provenant de Mazarin.

8718. Henrici Memmii excerpta e variis Cic. oratio_
nibus et epistolis. ordine alphabetico disposita.
Ms. sur papier, du XVIIe siècle, provenant de de
Mesmes.

Supplément latin.

9320. Quæstiones Academicæ ; — de Natura deorum ;
— de Divinatione.
Ms. sur vélin, du XVe siècle.

10300. De Partitione oratoria dialogus ; — Orator.
Ms. sur vélin, du XVe siècle.

10336. Epistolarum familiarium lib. XV.
Ms. sur vélin, daté de 1450.

10337. Id. opus.
Ms. sur vélin, daté de 1458.

10338. Id. opus.
Ms. sur vélin, daté de 1468.

10339. Epistolarum ad Atticum lib. XVI.
Ms. sur vélin, du XVe siècle.

11121. De Officiis.
Ms. sur vélin, du XVe siècle.

11122. De Finibus bonorum et malorum.
Ms. sur vélin, daté de 1467.

11123. Somnium Scipionis, cum comment. Macrobii.

Ms. du XIIe siècle.

11287. Rhetoricorum seu de Inventione Rhetorica
lib. II ; — Rhetoricorum ad Herennium lib. IV (incomplet de la fin du IVe livre).

Ms. du XIIe siècle

11288. Liber de claris Oratoribus ; — Orator.

Ms. sur vélin, du commencement du XVIe siècle.

11289. Liber de perfecto Oratore.

Ms. sur vélin, du XVe siècle.

Fonds Saint-Germain-latin.

1157. M. T. Ciceronis de officiis lib. III ; — de Amicitia ; — de Senectute ; — Paradoxa.

Ms. sur vélin du XVe siècle, provenant de Coislin.

1160 2. Oratio pro Marcello cum explicatione gallica. — Sallustii Crispi in M. T. Ciceronem declamatio.

Ms. sur papier (recens), prov. de Coislin.

1161. Varia opera Ciceronis, cum comment.

Ms. (recens), prov. de Coislin.

1271. De Officiis et de Senectute ; — S. Ambrosius de
Officiis.

Ms. sur vélin, du XIIe siècle, prov. de Corbie.

1446. Rhetoricorum lib. II.

Ms. sur vélin, du IXe siècle, prov. de Saint-Maur.

1417. Synonyma ; — Annotationes in officiis.

Ms. sur papier, du XVe siècle.

352. M. T. Cic. Topica, cum Boëtii comment.

Ms. transcrit le 3o avril 1461, par un écolier de Padoue.

484. Orationes 23, dont deux sont incomp.

Ms. sur vélin, du XIVe siècle.

485. Orationes 19 (cum notis margin.).

Ms. du XVe siècle.

488. Epistolæ ad Brutum et ad Atticum.

Ms. sur vélin du XVe siècle.

489. Epistolæ familiares.

Ms. copié à Parme, l'an 1483.

520. De Paradoxis ; — de Officiis.

Ms. du XIVe siècle, légué à la Sorbonne par M. Godefroy Desfontaines.

909. Orationes 10.

Ms. sur vélin, de la fin du XIVe siècle.

1525. De Senectute.

Ms. sur vélin, du XIIIe siècle.

1561. Macrobii comment. in Somnium Scipionis ; — Boëtii comment. in Topica.

Ms. du XIe siècle.

1562. Comment. Macrobii in Somnium Scipionis.

Ms. de la fin du XIIe siècle.

1570. De Senectute.

Ms. du XIe siècle.

1571. De Officiis.

Ms. sur vélin, du XVe siècle.

1572. De Amicitia; — de Officiis; — Paradoxa; —
de Senectute; — Tusculanarum lib. V; — de finibus
bonorum et malorum.

Ms. sur vélin, du XVIᵉ siècle, très-orné.

1746. Rhetorica ad Herennium.

Ms. du XIIᵉ siècle.

1766. Rhetorica ad Herennium; — Paradoxa (ce dernier imparfait).

Ms. du XVᵉ siècle, donné en 1639 par J. Bouchard,
au card. de Richelieu.

1769. Rhetoricorum ad Herennium lib. primus; —
Invectiva quarta in Catilinam; — de Legibus.

Ms. sur papier, daté de 1601.

1801. Topica.

Ms. sur vélin, du XIIIᵉ siècle.

1827. Ciceronis Rhetoricæ ad Herennium lib. primus
et pars secundi.

Ms. sur vélin, du XIVᵉ siècle.

Fonds Saint-Victor.

90. Epistolarum VIII primi libri; — de Oratore; —
commentarium de Consulatus petitione; — tabula
Epist. famil.; — de finibus bonorum et malorum,
lib. VI; — Academica 1ª; — Epitaphia Ciceronis,
metrice

Ms. sur papier, du XVᵉ siècle.

91. Orationes 28.

Ms. sur vélin, du XVᵉ siècle.

250. Victorini comment. in Rhetoricam Cic.

Ms. sur vélin, du XIIe siècle.

251. Philippicæ Orationes XIV.

Ms. sur vélin, du XVe siècle.

305. Cicéron *de la Viellesse, traduict par moy Laurent de Premier-Fait...*

Ms. sur papier, du XVe siècle.

441. Rhetorica vetus ac nova.

Ms. du XIe ou XIIe siècle, sur vélin.

450. De Officiis ; — de Senectute ; — de Amicitia ; — Paradoxa.

Ms. sur vélin du XIIIe siècle.

480. De Officiis ; — Epistolæ familiares ; — Oratio pro L. Flacco.

Ms. sur papier, du XVe siècle.

500. Scipionis somnium cum comment. Macrobii.

Ms. sur vélin, du XIIIe siècle.

511. De Officiis : — de Natura deorum (fragm.).

Ms. sur vélin du XIIIe siècle.

762. Vetus et nova Rhetorica ; — Topica, cum comment.

Ms. sur vélin, du XIVe siècle.

813. De Oratore (deest initium).

Ms. sur vélin, du XIIIe siècle.

814. Cic. invectiva contra Catilinam et hujus responsio.

Ms. sur vélin, du XVe siècle.

869. Academica ; — de Divinatione.

Ms. sur vélin, du XIVe siècle

873. Boëtii comment. in Topica Ciceronis ; — Cato Major sive de Senectute,

Ms. sur vélin, du XIe siècle.

911. De Legibus ; — de Fato.

Ms. sur vélin, du XVe siècle.

928. Orationes 17 ; — de Paradoxis; — de Senectute ;
— de Amicitia.

Ms. in-4., du XVe siècle.

Fonds Notre-Dame.

163. M. T. Ciceronis Topica.

Ms. sur vélin du XIVe siècle.

178. De Natura deorum ; — Cicéron à Hortensius ; —
les Épîtres familières ; — du Destin.

Ms. du XIIIe siècle, sur vélin.

179. De Inventione rhetorica lib. II ; — subjiciuntur
M. F. Victorini commentarii in eamdem Rhetoricam
(incompl. de la fin).

Ms. de la fin du Xe siècle.

191. Traduction du livre de Cicéron de la vraye Amitié, par Laurent de Premier-Fait, dédié à Loys duc
de Bourbon.

Ms. sur papier, daté de 1416.

264. Macrobius in somnium Scipionis (cum variant.).

Ms. sur vélin, du XIIIe siècle.

265. De Inventione, ad Herennium ; — in Catilinam
pars orationis primæ, et secunda integra.

Ms. sur vélin, du XIIIe siècle.

266. De Amicitia (incompl.) ; — de Senectute ; — Paradoxa ; — de Officiis (incompl.).

Ms. sur vélin, du XIIIe siècle.

267. M. T. C. de Officiis.

Ms. sur vélin, du XIII⁰ siècle, prov. d'Ant. Loisel.

Jacobins Saint-Honoré.

52. M. T. Cic. in M. Antonium Philippica secunda, cum comment. manuscriptis. Paris, 1655, in-4°.

Petits-Pères.

28. Orationes 23.

Ms. sur vélin, du XV⁰ siècle.

32. Oratio pro Marcello, cum interpret. gallica.

Ms. sur papier, moderne.

Cordeliers.

90. Cicéron, *de la Vieillesse,* traduction de Laurent de Premier-Fait.

Ms. sur papier du XV⁰ siècle.

Fonds du président Bouhier.

67. M. T. C. Lælius, seu de Amicitia, græce, ex versione Adr. Turnebii.

Ms. du XVII⁰ siècle, sur papier.

124. Rhetoricorum libri ad Herennium, cum scholiis.

Ms. sur papier, daté de 1456.

1632. Remarques sur Cicéron, par le président Bouhier, dans un portefeuille in-4°.

Ces remarques, publiées par d'Olivet, sont autographes.

Bibliothèque de M. le président de Mesmes (1).

— Cicero de Senectute græce, in-4°, ms. sur papier.
— Officia, in-fol., papier.
— Notæ in Ciceronem, in-fol., papier.
— Ciceronis de Senectute et Topica, vélin.
— Officia, in-fol., vélin.
— Rhetorica, in-fol., vélin.
— De Amicitia et Senectute, in-4°, vélin.

Bibliothèque Saint-Germain des Prés.

CICERONIS INTERPRETES.

— Traduction gauloise de la lettre de Cicéron à Quintus son frère.
— Boëtii lib II, comment. in Topica.
— Smaragdi presbyteri tractatus ineditus in partes orationis Donati et orthographiam Cic.
— Rhetorica ex operibus Cic. et Horatii compilata seu dictata a Dalfino Boncompagni et Joanne Lemovicensi.
— Synonyma Cic.
— Adnotat. in Officia Cic.

(1) Les mss. faisant partie de la bibliothèque du premier Président de Mesmes entrèrent dans celle du Roi au mois de février 1711.

Bibliothèque de M. Amb. Firm. Didot.

— De Amicitia dialogus. — Sententie Senece philosophi.

Précieux manuscrit de la fin du IX° siècle, sur parchemin : bien qu'incomplet de deux feuillets, cet antique codex est d'une grande importance au point de vue philologique.

— Lælius, sive de Amicitia, ad T. Pomponium Atticum;

— Cato Major, sive de Senectute; — Paradoxa.

Ms. italien du XV° siècle, élégamment écrit sur vélin très-fin, et orné de miniatures aussi charmantes qu'admirablement conservées.

— Paradoxa ; — de Senectute ; — de Amicitia.

Ms. sur parchemin du commencement du XIV° siècle, accompagné de notes et gloses interlinéaires.

— Tusculane questiones.

Ms. sur vélin, du XV° siècle. — On lit à la fin : *Antonius Torrigiani Antonii de Torrigianis scripsit.*

— Tusculanarum disput. lib. V.

Ms. ital. du XVe siècle, sur vélin très-fin et d'une belle écriture.

— Epistol. ad familiares lib. XVI.

Ms. ital. sur vélin, du XV° siècle.

— Rhetoricorum vet. contra Hermagoram lib. II.

Ms. italien sur vélin, daté du 7 décembre 1464.

— Orationes (XXVI).

Ms. sur papier, du XV° siècle, in-fol. à deux colonnes.

— Orationes de Imperatore deligendo (pro lege Manilia) ; — pro Milone ; — pro Plancio ; — pro Sulla ; — de Aruspicum Responsis ; — de prov. consularibus ; — pro Cælio ; — pro Balbo ; — in Vatinium ; — pro Sestio ; — pro domo sua ; — ad equites priusq. iret in exilium ; — post reditum in senatu ; — post reditum ad Quirites ; — pro Marcello ; — pro Ligario ; — pro rege Deiotaro ; — pro Archia ; — in Catilinam quatuor ; — pro Quinctio ; — pro Flacco ; — Invectiva Sallustii in Cic., cum Cic. responso ; — pro Cluentio.

Beau manuscrit sur vélin, très-grand in-fol. de la fin du XIVe siècle : il provient de la bibliothèque Keller (F. L. Keller. J. V. D. Juris utriusque Doctor.)

— Cic. in Catilinam invectivæ et L. Catilinæ in Ciceronem.

Ms. sur vélin, du XVe siècle. — Dans le même vol. se trouve : *Sallustius de Catilinario et Jugurthino bellis.*

— Cic. et Sallustii invectivæ ; — Somnium Scipionis excerptum ex libro VI° de Republica ; — Macrobii comment. in somnium Scipionis.

Beau ms. sur vélin, du XVe siècle.

Bibliothèque de l'abbaye de Saint-Michel de Verdun.

— Tullii Ciceronis de Officiis, de Senectute, de Amicitia, Paradoxa, Epitaphia duo Ciceronis.

— Item præfatio in librum Platonis de contemnenda

morte. Codex papyraceus scriptus a Ludovico Per-
terii Priore Barri ducis.

— Iuvenalis, Persius, Tullius de officiis.
Ms. in-fol. chart.

Abbaye de Saint-Vincent de Besançon.

— Ciceronis ad Quinctum fratrem epistola.
— Ejusdem de legibus et academicorum libri, nec non
invectiva in Catilinam et Catilinæ responsio in-fol.
—- Orationes in Verrem, in-fol. Membr.
— Orationes in Verrem. Ce manuscrit est d'une très-
belle écriture.

Abbaye de Saint-Sulpice de Bourges.

— Ciceronis Synonyma.

Abbaye de Saint-Ouen de Rouen.

— Ciceronis Officiorum libri tres et Paradoxa quibus
præmittitur epistola Christophori Urswincke Hen-
rico d'Aubigné.
— Philippicæ Orationes.

Bibliotheca monasterii B. M. de Becco.

— Rhetorica M. T. Ciceronis ad Herennium, optimæ
notæ, in-4°.

Bibliothèque de Saint-Gatien de Tours.

— Ciceronis Officia.
— Idem Opus.
— Ciceronis Opuscula.

Bibliothèque de l'église Saint-Martin de Tours.

— Cicero de Senectute; ejusdem somnium Scipionis, excerptum e libro tertio (sexto) de Republica.
— Macrobii commentarius in somnium Scipionis, annorum 800 et supra, nempe tempore Caroli Calvi.

Bibliothèque de M. le conseiller Ranchin.

— Cicero, de Legibus, in-8° vélin, très-beau.
— Cicero ad Ennium (ad Herennium), sur vélin, in-4°.

Abbaye de Saint-Remi de Rheims.

— Codices quidam hic habentur Ciceronis.
— Officia Ciceronis.

Bibliotheca ecclesiæ Laudunensis.

— Officia Ciceronis.
— Cicero, de Amicitia : — de Senectute.
— Ejusdem Rhetorica.
— Marii Victorini explanatio in libros Rhetoricæ lib. III.

Abbaye du mont Saint-Michel.

— Cicero, de Oratore, in-4°.
— Idem de Officiis et Tusculanarum, in-4°.

Bibliothèque de la cathédrale de Metz.

— M. T. Ciceronis somnium Scipionis.

Nous espérons pouvoir un jour publier le catalogue, minutieusement exact, de tous les manuscrits cicéroniens conservés dans les bibliothèques publiques de l'Europe. L'accueil réservé à ce premier essai informe d'un travail difficile nous encouragera à persévérer dans nos recherches, ou nous démontrera l'inutilité de les continuer.